지금은 중국을
읽을 시간 1

일러두기
- 이 책은 국립국어원 표준국어대사전을 기준으로 표기하는 것을 원칙으로 합니다.
- 이 책에서는 고유명사의 경우 중국 표준어 발음에 따라 표기하는 것을 원칙으로 합니다. 하지만 공자, 월병처럼 우리나라 말로 완전히 굳어져 중국 표준어 발음대로 표기하면 의미 전달이 어려울 경우에 한하여, 우리나라 한자음으로 표기합니다.
- 이 책에서는 1위안을 170원으로 환율 계산합니다.

★ 중국어 교사들이 제안하는 중국 바로 알기 ★

지금은 중국을 읽을시간 1
중국을 읽어주는 중국어교사모임 지음

도서출판 민규

추천사

중국을 만나 세계를 품게 하는
친절한 중국 이해 길잡이

중국이 세계의 변화를 주도하면서 새로운 경제 대국으로 부상하고 있습니다. 이제 중국을 이해하는 것은 세계의 흐름을 이해하는 지표가 되고 있습니다. 오늘의 중국은 이미 우리가 알고 있던 과거의 중국이 아니며, 미래의 중국은 우리의 상상을 초월할 것으로 전문가들은 예상합니다.

하지만 우리는 그동안 지리적으로도 가깝고 역사, 문화, 경제와도 밀접한 관련이 있는 중국에 대해 깊이 이해하려는 노력이 부족했고, 중국의 여러 변수와 변화 속도를 예측하지 못했습니다. 특히, 우리 청소년들 중에는 중국에 대해 무관심하거나 오해를 하고 있는 경우도 상당수 있다고 합니다. 세계 무대의 주역이 되어야 할 세대들이 중국을 제대로 모르고 있다는 것은 심히 우려스러운 일입니다.

이러한 현실을 직시한 '중국을읽어주는중국어교사모임'에서는 중국어를 잘 가르치는 것뿐만 아니라 중국을 제대로 알리는 것이 중요하다는 생각으로 중국 이해 교육을 시작했습니다. 틈틈이 중국의 역사, 문화, 사회 등 다양한 자료를 모아 수업에 활용했고, 정기적으로 함께 공부하고 토론하면서 완성도를 높였습니다.

『지금은 중국을 읽을 시간1』은 이러한 노력의 결정체입니다. 청소년은 물론 일반인도 쉽고 재미있게 중국을 이해할 수 있도록 51개의 주제별로 친절하게 설명하고 있으며, 중국에 대한 호기심과 궁금증을 청소년의 눈높이에서 문답 형식으로 풀어 폭넓은 이해를 돕고 있습니다.

이 책이 나오기까지 사명감으로 노고를 아끼지 않으신 '중국을읽어주는중국어교사모임' 선생님에게 감사의 마음을 전하며, 우리 청소년은 물론 많은 독자들이 중국 이해의 길잡이 『지금은 중국을 읽을 시간1』을 통해 중국의 어제, 오늘 그리고 미래를 만나고 국제 경쟁력도 기르는 계기가 되길 바랍니다.

경기도교육감

이재정

중국을 알아가는
경쾌한 통찰

묘목을 키우는 일은 미래를 만들어가는 일입니다. 한 그루의 미래만 만드는 것이 아닙니다. 그것은 숲의 미래를 만드는 일이기도 합니다. 묘목 하나하나가 값진 까닭입니다.

중등 교육은 묘목을 어른 나무로 키우는 과정입니다. 어른다운 나무가 되려면 이들에게 어떠한 자양분이 필요할까요? '기초 지력智力'을 잘 갖추는 데 필요한 양분은 아닐까요?

이를 사회에 적용하면, 사회를 구성하는 '상수常數'에 대한 앎 정도가 될 것입니다. 무릇 한 사회의 상수라 함은 그 사회의 구성원 대다수의 삶에 실질적으로 영향을 미치는 인자를 말합니다. 가령 우리 사회에선 미국이 이에 해당됩니다.

그런데 한 세대쯤 전부터는 중국이 우리 사회의 새로운 상수로 부각되었습니다. 21세기 전환기를 거치면서는 미국에 버금가는 상수로 자리 잡았습니다. 조금만 시간이 더 흐르면 우리 사회에서 만큼은 미국보다 더 중요한 상수로 작동될 것입니다. 우리 묘목들에게 중국을 온전히 알게 해 주는 일이 무엇보다 중요한 이유입니다. 특히 기성세대가 중국에 대한 뿌리 깊은 편견과 부적합한 인식에 물들어 왔음을 감안하면, 중국을 온전히 알 수 있도록 묘목들을 인도하는 일은 늦춰서는 안 될 과업입니다.

'중국을읽어주는교사모임'이 펴낸 『지금은 중국을 읽을 시간1』이 반갑고도 소중한 까닭이 여기에 있습니다. 아무리 기본 가운데 기본을 알려 준다고 해도 즐겁지 않거나 알차지 않으면 이내 싫증을 내게 마련입니다. 더없이 요긴한 밑천이라고 해도 어렵거나 엄숙하면 쉬이 지치게 됩니다. 대학 입시를 위해 참으로 많은 것을 해야 하는 중등 교육의 현실도 직시해야 합니다. 어느 하나 녹록치 않은 난제를 이 책은 유쾌하게 가로지르며, 중국에 대한 지식을 경쾌하게 전해 줍니다.

모쪼록 이 책과의 대화를 통해 우리의 묘목들이 자기 삶의 당당한 주인으로 우뚝 서기를 소망해 봅니다.

서울대학교 중어중문학과 교수
김월회

작가의 말

중국을 읽을
시간입니다

세상 사람들은 말합니다. 중국은 면적으로 보나 인구로 보나 세계적 강국으로 거듭날 것이라고. 그런데 실상 우리는 중국을 얼마나 알고 있나요? 세계인이 경계하는 중국을 아무런 근거도 없이 무시하는 건 아닌지, 중국의 발전이 못마땅해서이든 두려워서이든 그들의 발전을 일부러 외면하는 건 아닌지 묻고 싶습니다.

작년 2월 새로운 학기를 준비할 때 저자들은 야무진 계획을 세운 후, 전국의 많은 선생님들에게 부탁을 했습니다. 새 학기 중국어 첫 시간에 학생들에게 중국에 대해 무엇이 알고 싶은지 쓰게 한 후 제게 보내 달라고 말이지요. 학생들이 알고 싶어 하는 내용을 분석하여 중국에 대한 궁금증을 시원하게 해결해 주는 책을 만들겠노라고 결심하면서.

책상 위에 가득 쌓인 우편물을 보며 마음이 뿌듯했습니다.

두근거리는 마음으로 봉투를 열고 읽기 시작했지요. 서울, 인천, 경기도, 경상도, 전라도의 중·고등학교 학생들의 조사지를 펼칠 때마다 저자들은 정말 깜짝 놀라서 입을 다물지 못했습니다. 헛웃음만 나왔지요.

우리나라 학생들이 알고 싶은 중국은 바로 이것이었습니다.
1위 중국 사람들은 왜 인육을 먹나요?
2위 중국 사람들은 장기매매를 한다는데 사실인가요?
3위 중국 음식은 쓰레기라는데 정말이에요?
4위 중국 물건은 왜 그렇게 질이 안 좋나요?
5위 중국 사람들은 더럽다는데 진짜인가요?

한 마디로 '헐!' 이었습니다. 학생들의 궁금증을 해결하는 책을 엮어 보겠다는 꿈은 그야말로 빛 좋은 개살구였습니다. 학생들이 중국을 이렇게까지 오해하고 있는 줄은 꿈에도 몰랐습니다. 저자들은 주변의 중국어 선생님들에게 이런 상황을 설명하였습니다. 또한 저자로 참여한 선생님들이 모여 중국에 대한 인식을 바꿀 수 있는, 올바른 정보를 전달하는 책을 만들기로 의기투합하였습니다. 주제 선정 작업이 문제였습니다. 갑론을박 끝에 학생들이 알고 싶은 것과 선생님들이 알려 주고 싶은 것을 잘 버무리기로 하였습니다. 각자의 학교 학생들에게 취지를 잘 설명한 후 질문지를 다시 작성하도록 하고, 선생님은 선생님대로 가르치고 싶은 것을 우선순위대로 정리하였습니다. 이런 과정을 거쳐 지금과 같은 내용의 책을 엮게 되었습니다.

깊지는 않지만 넓게, 무겁지는 않지만 가볍지도 않게, 학생과 일반인들의 눈높이에 맞게!

이런 원칙을 세운 후 1년여 동안 자료를 수집하고, 회의를 거듭하였습니다. 이를 바탕으로 집필을 하였지요. 지면에 한계가 있어 중국의 방대한 정보를 모두 다룰 수는 없었지만 엄청난 속도로 발전하는, 우리가 생각하지 못했던, 우리가 보지 못했던 중국을 핵심만 콕 찍어 소개할 수는 있었습니다.

중국은 지금까지도, 앞으로도 영원한 우리의 이웃입니다. 갈등 극복과 협력을 통해 서로 발전해 나가야 할 가장 중요한 나라입니다. 이렇게 중요한 우리 이웃에 대한 편견과 무지에서 벗어나 그들을 이해하고 신뢰할 수 있도록 노력해야 합니다.

학생들에게 중국을 가장 잘 알릴 수 있는 중국어 선생님들에게 부탁합니다. 중국의 발전된 모습, 무궁무진한 문화 콘텐츠, 잠재력 등 중국의 긍정적인 면을 학생들에게 보여 주시기 바랍니다. 학생들과 이 책을 읽는 분들에게 부탁드립니다. 중국에 대한 편견, 부정적인 고정 관념을 과감하게 깨뜨리고 중국을 다시 보시기 바랍니다.

 끝으로 이 책의 집필을 위해 수고를 아끼지 않은 저자 선생님들과 전국의 학교 현장에서 열정으로 중국어 교육에 이바지하시는 선생님들께 머리 숙여 감사드립니다.

중국을읽어주는중국어교사모임 대표

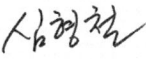

차례

추천사 • 4

작가의 말 • 8

01 중국에는 부자도 '런 타이 뚜어' • 16
02 한국 대통령 월급 & 중국 주석 월급 • 21
03 베이징~상하이 1,200km, 기차 없으면 어쩌려고? • 27
04 서울의 27배 베이징, 지하철 요금이 얼마야? • 32
05 중국 여행 칠전팔기, 네비게이션으로 살아남기 • 36
06 인터넷 인기투표, 올해의 중국 남신과 여신은 누구? • 39
07 집안일 잘하는 중국 남자, 여성의 날도 꼭 챙겨요 • 45
08 중국에서는 크리스마스에 사과를 주고받는다고? • 49
09 좋아요! 7일 쉬고 주말에 일하는 중국 명절 • 54
10 중국에서도 설날에 세뱃돈을 주나요? • 60

11 역사서 『삼국지』가 120부 연속극으로? • 65
12 중국의 건국 신화에는 태양이 10개나 뜬다고? • 69
13 중국 사람의 '8' 사랑, 올림픽도 8월 8일 8시에 • 75
14 중국 청소년에게 가장 인기 있는 직업은? • 78
15 황허 강은 정말로 강물 색이 누런가요? • 82
16 중국에서는 '커커우커러'가 '코카콜라'라고? • 85
17 요우커가 좋아하는 우리나라 우유는? • 90
18 중국 사람이 가장 많이 사용하는 SNS는? • 94
19 중국 사람은 왜 크게 말할까요? • 98
20 사투리가 심해 서로 못 알아듣는다고? • 101
21 중국 유행어 이것만 알면 나도 핵인싸! • 104
22 중국 무술을 배우면 날 수 있나요? • 110
23 중국에서는 태극권이 생활 체육이라고? • 115
24 달에서 만리장성이 보일까요? • 121
25 칭기즈 칸이 말 달리던 네이멍구도 중국 땅? • 125

26 마지막 황제가 살았던 쯔진청, 지금은 누가 사나요? • 130

27 진시황제, 불로초 말고 수은 먹었다고? • 136

28 '마음에 점 찍는 점심'이 바로 딤섬 • 142

29 벌레 꼬치, 어디까지 먹어 봤니? • 146

30 중국인도 밥을 먹을까? • 150

31 외국인이 좋아하는 8대 중국요리는? • 154

32 자장면, 짬뽕, 탕수육 매일 이렇게 먹어요 • 163

33 중국에서도 생일 때 케이크에 촛불을 붙이나요? • 168

34 중국의 10대 명차, 입맛대로 골라 볼까? • 173

35 "배부르다."는 되고 "다 먹었다."는 안 된다고요? • 179

36 중국은 왜 이렇게 인구가 많을까? • 184

37 디지털화폐에 중국몽을 담다 • 190

38 공자가 부활했다고요? • 197

39 중국 대통령은 주석, 투표 아닌 선출로 뽑아요 • 203

40 대입 시험 부정행위, 드론 띄워 감시하는 대륙 스케일 • 207

41 중국 사람은 한자를 다 알까요? • 210

42 혼례복도 돈 봉투도 빨강, 빨강, 빨강! • 213

43 중국에는 왕서방이 제일 많다고? • 216

44 중국 연예인 프로필에 꼭 들어가는 것은? • 219

45 한국, 중국, 일본 중 장기가 시작된 나라는? • 224

46 '별 그대' 전지현이 화교라고요? • 228

47 매일 아침 해가 뜰 때 국기 게양을 한다고? • 231

48 녹색 모자 선물하면 왜 안돼요? • 234

49 중국 사람이 동부 연안 지역에 몰려 사는 까닭은? • 237

50 웃돈 주고도 군대 가기가 하늘의 별 따기? • 241

51 중국 사람을 알고 싶다면 몐즈를 알아라! • 246

참고 문헌 및 사이트 • 251

중국을 알자　　　　01

중국에는
부자도
'런 타이 뚜어'

중국 사람들은 종종 "런 타이 뚜어人太多."라는 말을 합니다. '사람이 너무 많다.'는 뜻이지요. 중국의 인구는 공식적으로 약 13억 9,538만 명2018년 말 기준입니다. 정말 어마어마하지요? 그렇다면 그 중에 부자는 얼마나 될까요? 미국의 세계적 컨설팅 회사인 보스턴컨설팅그룹의 2017년도 보고서에 따르면 중국인 가운데 우리 돈 1,000억원 이상의 자산가가 약 210만 가구나 된다고 합니다.

2019년 현재 우리나라 전체 가구수가 2,234만 가구라고 하니, 우리나라 전체 가구의 10% 정도 되는 수준입니다. 그 규모에 정말 입이 안 다물어질 정도이지요. 「블룸버그」의 홈페이지에는 매일 세계 부호의 순위가 업데이트 되는데, 2019년 9월 현재 세계 200대 부호 안에 중국 사람이 무려 22명이나 들어 있습니다. 타오바오나 알리페이 등을 가지고 있는 알리바바 그룹의 창업자 마윈, 위챗으로 유명한 텐센트 그룹의 마화텅, 중국 최대 점유율의 검색 엔진 바이두의 리옌훙, 대륙의 실수 샤오미의 설립자인 레이쥔 등이 순위에 올라 있지요. 그리고 이 22명은 모두 중국 본토 사람에 해당

중국의 해수욕장

마윈

리옌훙

마화텅

하며 홍콩 사람까지 포함하면 33명까지 늘어납니다. 부자 상위 그룹에서도 중국인은 역시나 '런 타이 뚜어'인 셈입니다.

중국의 경제 성장은 기타 선진국의 경기 침체와는 아주 다른 양상을 보여주고 있습니다. 최근 미중 무역전쟁으로 꺾였다고는 하지만 2018년에도 무려 6.6%라는 놀라운 성장률을 보여주었지요. 참고로 우리나라는 중국에 비해 소폭인 2.7%의 성장률을 보여주었습니다. 하지만 우리나라도 경제 성장이 주춤한 것은 아니랍니다. 미국도 2.9%로 우리와 비슷한 성장률을 냈고, 일본은 고작 0.7% 성장에 그쳤으니까요. 경제의 비약적 성장에 따라 중국과 중국 사람의 경제력은 날이 갈수록 강력해지고 있습니다. 중국인의 경제 사정이

나아진다는 것은 소비가 그만큼 늘어난다는 것을 의미합니다. 삶이 풍요로워지자 수많은 중국 사람이 고급 음식, 특히 고기를 선호하게 되었습니다. 고기 소비가 급격하게 늘어나자 세계 육류 가격이 상승했으며, 가축을 키우는 데 필요한 사료, 즉 곡물 가격이 덩달아 뛰었지요. 중국인이 부유해지는 것이 세계 경제에 얼마나 큰 영향을 주는지 알 수 있겠죠? 확실히 인구 수가 국력과 비례하는 요즘입니다.

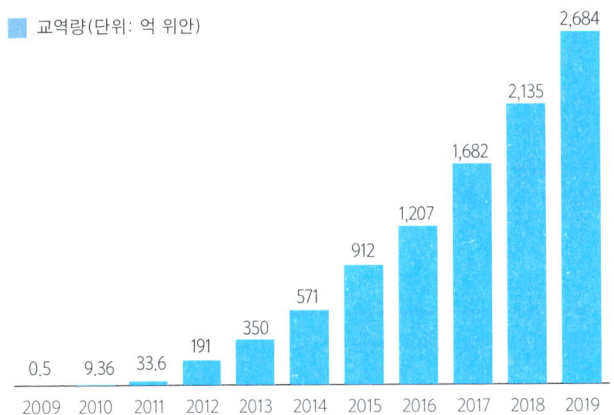

광꾼제 타오바오 매출액 증가 그래프(단위: 억 위안)

최근 스마트폰과 인터넷이 발달하면서 중국에서도 인터넷 쇼핑이 엄청나게 증가하고 있습니다. 중국 최대 인터넷 쇼핑몰인 '타오바오'는 2018년 11월 11일 중국의 싱글데이^{광군제, 光棍节} 행사를 통해 2,135억 위안, 우리 돈으로 약 36조 2,950억원의 매출을 올렸다고 합니다. 삼성전자의 2018년 총 매출액이 243조 7,700억원이니까, 하루 만에 36조원을 넘는 어마어마한 매출을 올린 것은 경이적인 일이라고 할 수 있습니다.

광군제는 중국 젊은이들이 재미로 지내는 현대식 기념일 중 하나입니다. 우리나라의 밸런타인데이나 화이트데이처럼 중국에서도 광군제에 맞춘 마케팅 행사가 많이 펼쳐지는데, 이날은 특히 의류나 화장품 같은 소비재 판매가 급증합니다. 광군제 당일 스마트폰 쇼핑 어플리케이션으로 물건을 구매한 비율이 전체 구매자의 90%에 이른다고 하는 통계도 있는데요. 정말 엄청나지요? 스마트폰 보급이 빠르게 늘고 있는 현재 상황에서 앞으로 중국 경제가 어떤 방향으로 발전할지 기대가 됩니다.

중국을 알자　　　　　　　02

한국 대통령 월급
&
중국 주석 월급

중국 국가 지도자인 시진핑 주석의 월급은 얼마일까요? 시진핑 주석은 세 가지 직책을 겸하고 있습니다. 공산당 총서기, 중앙군사위원회 주석, 국가 주석인데 이 세 가지를 모두 합쳐도 약 5만 위안 약 850만원 밖에 안 된다고 합니다. 게다가 세 가지 월급을 다 받는 것도 아니고, 국가 주석 월급만 받는 것이 관례라고 하니, 이마저도 다 못 받는 실정입니다. 중국 국가 주석의 연봉은 13만 6620위안 약 2,322만원, 12개월로

중국의 최저임금

(위안)

지역	시행일자	월 최저 임금 표준				
		1급지	2급지	3급지	4급지	5급지
상하이	2019.04.01	2480				
톈진	2017.07.01	2050				
저장	2015.11.01	2010	1800	1660	1500	
베이징	2019.07.01	2200				
산둥	2018.06.01	1910	1730	1550		
하이난(식음료서비스)	2018.04.26	1898	1808	1665		
광둥	2018.07.01	2100(광저우) 2200(선전)	1720	1550	1410	
장쑤	2018.08.01	2020	1830	1620		
신장	2018.01.01	1820	1620	1540	1460	
지린	2015.12.01	1480	1380	1280		
네이멍구	2015.07.01	1640	1540	1440	1340	
후베이	2017.11.01	1750	1500	1380	1250	
쓰촨	2018.03	1750	1650	1550		
허난	2017.10.01	1720	1570	1420		
산시 山西	2017.09.28	1700	1600	1500	1400	
푸젠	2017.07.01	1700	1650	1500	1380	1280
장시	2018.01.01	1680	1580	1470		
광시	2018.02.01	1680	1450	1300		
산시 陝西	2017.05.01	1680	1570	1480	1380	
구이저우	2015.10.01	1600	1500	1400		
헤이룽장	2015.10.01	1480	1450	1270	1120	1030
윈난	2018.05.01	1670	1500	1350		
닝샤	2015.07.01	1480	1390	1320		
허베이	2016.07.01	1650	1590	1480	1380	
시짱	2018.01.01	1650				
랴오닝	2018.01.01	1620	1420	1300	1120	
간쑤	2015.04.01	1470	1420	1370	1320	
후난	2015.01.01	1390	1250	1130	1030	
안후이	2018.11.01	1550	1380	1280	1180	
충칭	2016.01.01	1500	1400			
칭하이	2017.05.01	1500				
하이난	2016.05.01	1430	1330	1280		

나누면 월 11,385위안약 193만원으로 세계 주요 국가 지도자 중 최하위권이라고 볼 수 있는데요. 참고로 우리나라 대통령의 연봉은 2019년 기준 2억 2,629만원입니다. 12개월로 나누면 약 1,885만 원 정도이니, 중국 주석의 월급은 대한민국 대통령의 10% 정도이고, 우리나라 7급 공무원 갓 임용되면 받는 수준의 월급이라고 볼 수 있겠습니다. 충격적이지요?

그렇다면 중국의 최저임금은 얼마일까요? 중국의 최저임금 표를 보면, 가장 높은 최저임금을 받는 곳은 상하이로, 한 달의 최저임금은 2,480위안약 42만원입니다.

우리나라 최저임금이랑 비교해보겠습니다. 우리나라의 최저임금은 2019년 기준 시간당 8,350원, 주 40시간, 월 209시간으로 환산하면 1,745,150원입니다.

계산을 하고 보니, 중국에서 임금 수준이 가장 높은 도시도 우리나라에 훨씬 못 미치는 최저임금을 받는 것을 알 수 있어요. 우리나라도 세계적인 기준으로 보면 높은 편은 아니라는 평이 많은데, 중국은 정말 낮지요? 국가주석조차도 한 달에 200만원을 못 받는데 어쩔 수 없다고요? 그래서일까요? 2015년 라오뚱제세계 근로자의 날, 5월 1일를 맞이하여 중

라오뚱제 포스터

국의 시진핑 주석은 베이징에서 열린 '전국 모범 노동자 대회'에서 "노동자의 보수가 더 높아져야 하고 더 많은 취업 자리가 제공되어야 한다."라고 이야기했습니다.

그렇다면 중국에서는 대졸 초봉이 어느 정도일까요? 우리나라에서는 가장 많이 주는 회사의 연봉이 약 6,500만 원, 월급으로 따지면 약 540만 원 정도로 알려져 있습니다. 그에 비해 중국에서는 가장 많이 연봉을 주는 금융권에서, 대졸 초봉을 약 1만 위안약 170만원 정도로 책정한다고 합니다. 또한 중국 평균 대졸 초임은 약 5천 위안 정도라고 하니 우리나라 기업들보다 훨씬 적게 준다고 볼 수 있지요.

세계 유명 브랜드의 대표 햄버거 가격을 놓고 비교를 해 보면, 우리나라에서는 2019년 현재 단품이 4,100원이고, 중국에서는 17위안약 2,890원입니다빅맥지수. 물가 차이가 있지만 단순하게 계산하여 최저임금으로 나누어 보면 우리나라에서는 햄버거를 1개월 최저임금으로 387개 살 수 있고, 중국 상하이에서는 145개 밖에 사지 못해요. 결국 중국인들이 물가에 비해 월급을 우리보다 훨씬 적게 받는다고 볼 수 있지요.

게다가 요즘 중국인들도 커피를 많이 마시기 때문에 커피 값으로도 계산이 가능합니다. 세계적인 미국의 프랜차이즈 커피숍의 아메리카노 가격으로 비교를 한 번 해 볼게요. 참

아이폰 공장에서 일하는 중국 노동자

고로 전세계에서 가장 큰 매장이 중국 상하이에 있었다는 이야기 들어 봤나요? 현재는 미국 시카고의 매장이 가장 크지만, 그 전까지는 상하이의 매장이 축구장의 절반 크기로, 이 브랜드 매장 중에서는 가장 컸었습니다. 어쨌든, 이 브랜드의 아메리카노가 2019년 현재 우리 돈으로 4,100원인데요, 우리 최저임금으로는 425잔을 살 수 있습니다. 그렇다면 중국 상하이에서는 어떨까요? 중국에서는 한 잔에 28위안약 4,760원으로 우리나라보다 비싸기까지 한데요, 88잔 밖에 못 삽니다.

하지만 이렇게 중국 임금이 터무니 없이 낮다고만 할 수 있을까요? 중국 수도 베이징의 택시 기본요금은 13위안약 2,210원이며, 킬로미터에 2.3위안씩 가산됩니다. 서울의 3,800원에 비하면 많이 싸지요? 게다가 버스요금은 아직도 1~2위안170~340원이니, 교통비로 봐서는 아예 비교가 되지 않습니다. 따라서 특정한 물가로 단순하게 비교하는 것은 위험하다는 것, 잊지 마세요.

중국을 알자　03

베이징~상하이 1,200km, 기차 없으면 어쩌려고?

우리나라에서는 명절이면 많은 사람이 귀향길에 오릅니다. 이들 대부분이 자가용을 타고 고속도로로 나가게 되는데, 예전에는 서울에서 부산까지 20시간이 걸리기도 했습니다.

　중국은 우리나라보다 인구도 많고, 땅도 넓어서 자가 운전으로 고향집에 가기가 쉽지 않아요. 중국에서는 기차가 가장 주요한 도시 간 이동 수단입니다.

　중국에서는 기차표를 어떻게 구매할까요?

중국도 다른 나라와 마찬가지로 기차역에서 직접 구매할 수 있습니다. 기차역 창구에서 구매할 수도 있고, 자동판매기에서 구입할 수도 있어요. 또 우리나라처럼 인터넷 사이트에서 구매할 수도 있는데, 한국어로 된 사이트에서 한국에서 발행한 카드로 결제를 할 수도 있습니다 www.ctrip.co.kr.

우리나라에는 없지만 중국에만 있는 특이한 것도 있는데요, 중국 사람들이 기차를 애용하다 보니 시내 곳곳에 기차표 판매를 대행하는 창구가 따로 있어요. 아래의 사진과 같이 작은 점포에 '火车票代售 훠쳐피야오따이서우'라고 간판이 붙은 곳이 기차표 판매 대행 창구이지요. 이 덕분에 기차역까

시내의 기차표 대행 창구

중국 기차표

지 가지 않더라도 기차표를 살 수 있습니다. 각 창구에서 대행 수수료를 받기 때문에 기차역에서 직접 사는 것보다 약간 비싸지요. 대행 수수료는 보통 5위안850원 정도입니다. 하지만 최근에는 중국인들도 대부분 스마트폰 어플리케이션을 이용하여 기차표를 사는 추세이기 때문에 대행창구도 점차 사라져가고 있다고 하네요.

중국에서 기차표를 살 때 주의해야 할 점이 있어요. 기차표를 살 때에는 반드시 신분증을 제시하여야 합니다. 위의 기차표 사진에서 보듯, 좌측 아래에 신분증 번호를 표시해야 하니까요. 신분증이 없으면 기차표를 살 수 없어요. 한국 사람은 중국 신분증이 없기 때문에 여권을 제시하면 됩니다. 스마트폰에서는 이름과 신분증 번호를 입력하면 된다고 하고요.

한반도 면적의 약 44배에 달하는 광활한 국토를 자랑하는 중국에서 기차로 여행하려면 얼마나 오래 타야 할까요? 최근 들어 중국도 전국에 걸쳐 고속철도망을 개통하여 시간이 많이 단축되었습니다. 가장 빠른 기차는 '까오티에'인데 최고 속도가 시속 350Km를 약간 웃돌지요. 그보다 조금 느린 '뚱처'도 최고 속도가 250Km 정도에 이릅니다. 베이징에

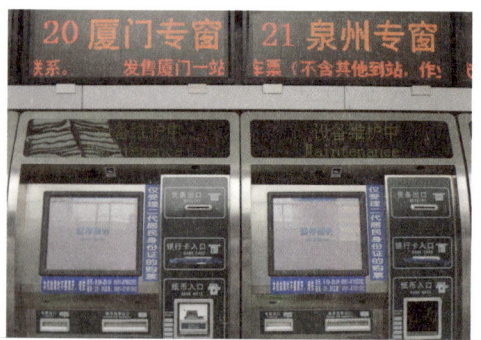

기차표 자동판매기

서 까오티에를 타고 1,200Km 떨어진 상하이까지 간다고 할 때, 약 4시간 40분 정도가 소요된다고 하니 정말 빠르다고 할 수 있겠죠?

  2018년 9월에는 베이징에서 홍콩까지 9시간 정도 걸리는 고속열차가 개통되어 반나절이면 대륙을 가로질러 갈 수 있게 되었다네요. 더 놀라운 사실은 이 고속철도가 개통되자마자, 우리나라 수능시험 중국어 과목에도 베이징 홍콩 간의 고속철도에 관한 문제가 출제되었다는 겁니다.

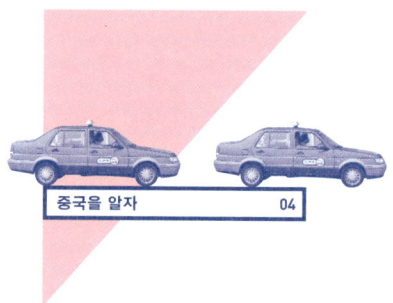

중국을 알자　　　　04

서울의 27배 베이징,
지하철 요금이
얼마야?

중국도 우리나라처럼 대중교통 요금이 지역마다 다릅니다. 위낙 땅이 넓다 보니 가격이 천차만별이지요. 중국의 수도인 베이징에서는 최근 지하철 요금이 크게 올라서 시민들의 불만을 샀습니다. 이전에는 일괄적으로 1회 승차에 2위안 약340원을 내면 되었습니다. 하지만 2014년 12월부터 거리에 비례하여 지하철 승차권 가격이 달라지는 새로운 요금 정책을 시행하였지요. 6Km까지는 3위안 약510원, 6Km~12Km는

4위안 약 680원, 12Km에서 32Km까지는 10Km마다 1위안 약 170원씩이 추가되며, 32Km를 넘어서면 20Km마다 1위안씩 가격이 추가되는 복잡한 요금 정책입니다. 우리 돈으로 따지면 얼마 안 되어 보이나요? 아닙니다. 베이징은 면적이 어마어마하기 때문에 싸다고 생각하면 큰 착각이에요. 베이징은 면적이 16,411Km²로 서울 605Km² 보다 무려 27배 정도 큽니다. 베이징은 지금도 지하철 공사를 진행하고 있기 때문에 거리 비례로 계산한다면 엄청난 요금을 낼 수도 있어요. 버스 요금은 상대적으로 싼 편인데, 노선에 따라 다르지만 대부분 1~2위안 정도로 부담스러운 가격은 아닙니다.

중국에서는 요금 지불을 어떻게 할까요? 중국은 각 지역마다 교통카드가 따로 존재합니다. 베이징에는 이카퉁이라는 교통카드가 있어요. 우리나라 교통카드와 마찬가지로 버스, 지하철 모두 사용이 가능하며, 스마트폰이 보급되면서 스마트폰 어플리케이션을 사용해서 결제를 할 수도 있습니다. 교통카드가 보급되기 전까지는 버스에 요금을 받는 직원이 따로 있어서 종착지를 물어보고 현금을 받았지요. 교통카드가 보급된 이후로 직원은 사라지고 우리와 똑같이 카드로 결제를 합니다.

택시는 어떨까요? 2012년부터 중국의 IT 강자인 알리바바와 텐센트는 자사의 모바일 결제 플랫폼을 이용한 콜택시 어플리케이션을 내놓고 서로 경쟁하고 있습니다. 이 어플리케이션들은 사용 방법이 매우 간단하여 많은 사람이 이용하고 있지요. 어플리케이션을 스마트폰에 내려 받은 후 현재 위치와 목적지를 입력하고, 주변의 택시 중 하나를 예약하여 탑승합니다. 그런 다음 어플리케이션과 연동된 모바일 결제

중국 택시 어플리케이션

시스템으로 택시 요금을 결제하면 되지요. 이 시스템은 택시 기사에게 목적지를 설명할 필요도, 가격을 묻거나 현금을 낼 필요도 없는 매우 간편한 탑승 방식이에요. 요즘 베이징이나 상하이 같은 대도시에서는 이 콜택시 어플리케이션을 이용하지 않으면 택시를 잡기조차 쉽지 않다고 합니다.

베이징이나 상하이 같은 도시는 택시 요금이 워낙 비싸고 교통 체증이 심해서 택시 이용이 쉽지 않아요. 베이징의 경우 기본요금이 13위안약 2,210원이며, 2.3km에 1위안씩 가산되고 내릴 때 유류세 명목으로 미터기에 찍힌 요금보다 1위안을 더 내야 하니까요. 우리나라보다 월급도 적게 받는 중국인 입장에서는 매우 비싼 교통수단이 아닐 수 없겠지요?

중국을 알자　　　　　　05

중국 여행 칠전팔기, 네비게이션으로 살아남기

중국은 워낙 땅이 넓은 나라이기 때문에 우리나라처럼 네비게이션을 사용할 수 있을지 많은 사람이 궁금해합니다. 특히 우리나라는 네비게이션을 스마트폰에 다운로드해서 휴대전화 하나만으로도 길 찾기, 길 안내가 모두 가능한데 중국에도 이런 어플리케이션이 있을까요?

　물론 있습니다. 중국 사람이 가장 신뢰하는 스마트폰 지도 및 네비게이션은 바로 중국 최대 포털 사이트인 바이두www.

baidu.com에서 만든 바이두 지도 어플리케이션이에요.

바이두 지도는 중국을 여행할 때 반드시 다운로드해야 하는 필수 어플리케이션입니다. 중국 각 도시와 성省의 지도를 각각 따로 내려받아 스마트폰이 인터넷에 연결되어 있지 않더라도 지도를 열어 볼 수 있게 되어 있어요. 지도 어플리케이션에서 리시앤离线. 오프라인 지도 서비스 탭을 열고 각 도시별로 지도를 다운받으면 돼요. 어떤 지도보다 중국 현지 사정을 자세히 표시하고 있기 때문에 대중교통을 이용할 때

바이두 지도로 본 베이징 중심가

가장 빠른 길이나 짧은 길을 쉽게 찾을 수 있습니다.

지도뿐 아니라 네비게이션도 리시앤 서비스를 이용할 수 있어요. GPS가 연결되어 있다면 인터넷 연결 상태와 관계없이 자동차가 움직이는 대로 실시간 길 안내가 가능하지요.

그 외에 전 세계적으로 지도 서비스를 하고 있는 구글 지도를 활용할 수 있습니다. 구글 지도를 활용하면 바이두 지도와 마찬가지로 길 찾기와 내비게이션 서비스를 이용할 수 있지요. 하지만 중국 사람들은 구글보다 바이두 지도를 더 많이 애용한답니다.

중국을 알자　06

인터넷 인기투표,
올해의 중국
남신과 여신은 누구?

중국의 여러 연예 매체에서는 매년 '올해의 남신', '올해의 여신' 투표를 진행합니다. 한류 열풍 때문에 한국 연예인이나 한국에서 활동하는 외국인 연예인의 이름도 순위에서 심심찮게 쉽게 찾을 수 있어요. 2018년에도 여러 매체의 '신' 투표에서 한국에서 활동하는 연예인의 이름이 남신 순위에, 한국 여자 연예인의 이름이 여신 순위에 올라 있음을 확인할 수 있었습니다. 남신은 보통 보이 그룹 멤버가 차지하는 경우가 많았고, 여신은 중국에서 유명한 한류 여배우가 차지하는 경우가 많았어요. 한류의 열풍은 수년 간 지속되고 있음을 알 수 있답니다.

이제는 인터넷 시대라, 실시간 교류가 가능하다 보니, 얼굴이 잘 생기고, 키가 크고, 날씬해야 하는 등 전 세계인들이 갖는 아름다움에 대한 기준조차 닮아가는 것 같아요. 이 때문에 중국에서 남자는 까오푸쇼이高富帅, 키 크고 부자에, 잘 생긴, 여자는 까오바이메이高白美, 키 크고 하얀 피부에 아름다운 라는 말이 미의 절대적(?)인 기준이 되어버렸답니다. 그런데 예전에는 어떠했을까요?

중국에서는 예로부터 4대 미녀서시, 왕소군, 초선, 양귀비에 대한 이야기가 전해 오고 있습니다. 서시는 '경국지색'이라는 사자성어와 밀접한 관계를 갖고 있는 인물이지요. 춘추전국시대의 일입니다. 오나라와의 전쟁에서 패한 월나라 왕 구천은 오나라 왕 부차에게 서시를 바치면서 미인계를 씁니다. 이후 부차는 서시의 미색에 빠져 국정은 돌보지 않고 정치를 태만하게 하여 결국 구천에게 패망하게 됩니다. 이로 인해 '나라를 기울게 하는 아름다움'이라는 뜻의 경국지색이라는 말이 탄생하게 되었답니다.

   왕소군은 한나라 때의 미녀이지요. 당시 황제였던 원제는 궁녀들의 초상화를 화공에게 그리게 하여 초상화를 보고 아름다운 궁녀를 골라 총애하였다고 합니다. 다른 궁녀들은 자신들을 예쁘게 그려 달라고 화공에게 앞다투어 뇌물을 바쳤지만, 가난했던 왕소군은 뇌물을 주지 못해 본인의 외모보다 미운 초상화가 그려졌다네요. 그 당시는 한나라의 국력이 약해 북방의 흉노 왕에게 궁녀를 공물로 보내야 했는데, 원제는 가장 못생긴 왕소군을 뽑아서 보내도록 했어요. 하지만 실제 모습을 그때 처음 본 원제는 많이 후회하였다고 합니다.

   초선은 네 미녀 중 유일한 허구의 인물이에요. 소설 『삼국지연의』에 한나라 대신 왕윤의 딸로 등장하는 초선은 얼굴이 아름답고 가무에도 능했습니다. 훗날 초선은 왕윤의 부탁을 받고 은혜에 보답하고자 그의 미인계를 몸소 실행에 옮깁니다. 동탁과 여포를 이간질시켜 서로 질투하게 하고 배신하게 하여 결국 여포로 하여금 섬겨야 할 주인인 동탁을 칼로 베어 죽이게 하는 역할을 하지요.

양귀비

  마지막으로 양귀비입니다. 당 현종의 며느리이자 후궁인 양귀비의 본명은 양옥환이에요. 본래 현종의 아들인 수왕의 비로 17세 때 궁에 들어왔으며 시와 노래에 뛰어난 보기 드문 절세미인이었지요. 양귀비는 현종의 눈에 들어 간택되었다고 하네요. 위의 초상화에서 보듯, 우리가 생각하는 절세미인은 아닙니다. 현대 미녀처럼 V라인을 갖추거나, 쇄골이 드러난 어깨가 아닌 당당한 풍채와 글래머러스한 외모를 가지고 있음을 알 수 있어요. 당나라 시기에 이르면 여권 신장이 두드러지는 것을 볼 수 있는데 당나라 여성들의 복장을 보면 전에는 상상할 수 없었던 파격적인 노출이 있음을 알 수 있는데 여권이 약하면 개방적 의상이 불가능하다. 그런 강한 여권의 나라에서 황제의 총애를 받던 귀비였으니 그 권세가 얼마나 대단했을지 짐작

지금은 중국을 읽을 시간1

서시

초선

왕소군

이 갑니다.

 안타깝게도 중국에서는 잘생긴 남자에 대한 이야기가 전해 내려오지 않습니다. 다만, 역사상 정말 못생겼다고 기록되어 있는 유명한 인물이 있어요. 바로 명나라를 건국한 태조 주원장인데 초상화를 보고 직접 판단해 보세요.

명나라 태조 주원장

중국을 알자 07

집안일 잘하는 중국 남자, 여성의 날도 꼭 챙겨요

중국과 우리나라는 지리 문화적으로 매우 가깝고 비슷한 점이 많습니다. 하지만 우리나라 사람들이 의아하게 생각할 정도로 크게 차이가 나는 점이 있는데 바로 여성의 지위예요. 우리나라는 성리학에 뿌리를 둔 가치관이 조선 시대를 거쳐 오늘날까지 남아 있기 때문에 가부장적인 문화가 강합니다. 반면에 성리학의 시작이자 뿌리인 중국에서는 오히려 여성의 지위가 우리와 비교할 수 없을 만큼 높아요. 많은 사람이

이를 상당히 의아하게 생각하지요. 대다수의 중국인이 존경하는 위인 중에 늘 빠지지 않는 사람이 있습니다. 바로 중화인민공화국의 초대 국가 주석인 마오쩌둥이지요. 그가 한 많은 말 중에 사람들이 기억하고 있는 유명한 말이 세 가지 있습니다.

1. 권력은 총구에서 나온다.
2. 여성이 하늘의 절반을 받치고 있다.
3. 인구는 국력이다.

그중 두 번째 말이 중국 국민에게 끼친 영향이 대단하여 아직까지도 많은 사람에게 회자되고 있어요. 이는 여성이 남성과 동등하게 세상의 절반을 차지하고 있으며, 남자와 여자는 평등한 존재임을 나타내는 말입니다. 또한 1966년부터 1976년까지 진행된 문화대혁명 과정 중에 '낡은 습속을 타파하자!'는 구호 아래 유교의 가치관이 많이 희석되었어요. 이 때문에 중국은 여성의 지위가 상당히 높은 나라에 속하게 되었지요.

중국 사람의 여성에 대한 인식을 알 수 있는 것 중 하나가

'여성이 하늘의 절반을 받치고 있다.'라는 구호가 써 있는 포스터

여성의 날 '푸뉘제' 포스터

바로 '세계 여성의 날'에 대한 태도입니다. 여러 나라에서 3월 8일을 여성의 날로 지정하고 있어요. 우리나라 달력에도 3월 8일 밑에 작게 '여성의 날'이라고 쓰여 있고요. 하지만 우리나라에서는 그날이 여성의 날인지조차 모르는 사람이 대부분입니다. 중국도 3월 8일은 '푸뉘제妇女节 부녀절'로 지정하고 여성의 날을 기념합니다. 2007년 12월에 반포된 '전국 연간 명절 및 기념일 법'에 근거하여 여성 근로자들은 이날 반일 휴가를 받지요. 중국에서는 매년 3월 8일 여성만 반차를 쓰고, 남성은 종일 일을 합니다.

 현재 중국은 남녀의 사회적 지위가 비슷합니다. 남자와 여자 모두 사회 활동에 참여하고, 가정에선 집안일을 분담해요. 중국 남자들은 집안일 하는 것을 꺼리지 않을 뿐만 아니라 여자보다 요리하는 것을 더 좋아하고 더 잘하는 남자도 많답니다.

중국을 알자 08

중국에서는
크리스마스에
사과를 주고받는다고?

중국 사람들은 크리스마스를 '성딴제'라고 부르고 타이완, 홍콩, 마카오 같은 중화권 지역에서는 '예딴제'라고 부릅니다. 중국 대륙에서는 크리스마스가 우리나라처럼 법정 공휴일이 아니예요. 단지 상업적인 기념일로만 여겨지지요. 홍콩, 마카오는 유럽의 영향을 받아 법정 공휴일로 쉽니다. 타이완에서는 보통 국가 행사를 일부러 12월 25일 즈음에 잡아 쉬는 경우가 많아요. 크리스마스에 중국에 가면 백화점이

나 호텔 등 외국인 관광객이 많이 찾는 장소에서나 산타클로스와 같은 크리스마스 장식을 볼 수 있을 뿐, 우리나라처럼 시끌벅적한 성탄 분위기를 만나기는 쉽지 않습니다.

크리스마스와 관련된 재미있는 중국어 단어 몇 개 알아볼까요? 산타클로스는 '크리스마스에 만나는 노인'이라는 의미의 '성딴라오런'이라고 하고, 크리스마스 전날 저녁인 크리스마스이브는 '고요한 밤' 혹은 '평안한 밤'이라는 의미의 '핑안예'라고 합니다. 중국어로 사과를 '핑궈'라고 하는데 크리스마스 이브에는 '핑안예'와 발음이 흡사한 '핑궈'를 선물로 주기도 하지요.

중국에는 공휴일은 아니지만 젊은이들 사이에서 유행하는 기념일이 있습니다. '싱글데이'와 '밸런타인데이'가 대표적이지요.

'밸런타인데이'는 우리나라와 마찬가지로 2월 14일입니다. 중국어로는 '칭런제'라고 하고요. 중국에서도 우리나라처럼 연인들의 날로 각광을 받고 있습니다. 하지만 우리나라처럼 꼭 여자가 남자에게 초콜릿을 주어야 하는 것이 아니라

상하이 크리스마스트리

남녀가 서로에게 애정을 표현하기 위해 꽃이나 카드, 초콜릿 등을 선물해 주는 날로 자리를 잡아가고 있어요. 또한 2월 14일이 외국에서 들여온 연인의 날이라고 하여 중국 전통의 연인의 날을 주장하는 사람도 있습니다. 견우·직녀 전설을 가지고 있는 칠월 칠석 음력 7월 7일이 중국식 연인의 날로 인정받고 있지요.

'싱글데이'는 말 그대로 솔로들을 위한 날입니다. 스스로가 아직도 연인이 없음을 한탄하며 보내는 날인데 날짜도 '1'이 무려 네 개나 들어가는 11월 11일이에요. 중국어로는

중국의 밸런타인데이 축제

'광꾼제光棍节'라고 하지요. 광光은 '온통, 모두'라는 뜻이고, 꾼棍은 '막대기'라는 뜻으로, 막대기 모양인 숫자 '1'이 온통 가득한 날이라는 뜻으로 해석할 수 있습니다. 광꾼제는 역사가 그리 길지 않습니다. 1993년 난징대학교에서 네 명의 남학생이 매일 같은 침실에 누워서 솔로 탈출에 관한 토론을 했다고 하네요. 그러다가 어느 날 11월 11일에 '광꾼제'라는 것을 만들고 퍼뜨려서 솔로들의 놀이를 하자는 의견이 나와 실행에 옮겼대요. 그때부터 각 학교에서 큰 인기를 끌어 점차 전국적인 행사가 되었다고 하고요. 요즈음에는 상업적인 요소가 많이 가미되어 상상을 초월할 정도의 많은 쇼핑이 이루어지고, 특히 이날 결혼을 하고자 하는 커플도 나날이 느는 추세랍니다.

중국의 밸런타인데이 축제

중국을 알자　09

좋아요! 7일 쉬고 주말에 일하는 중국 명절

우리나라는 매년 연말 즈음 다음 해 공휴일을 공지합니다. 중국도 공휴일을 국민에게 알리기는 하지만 우리나라와 크게 다른 점이 있어요. 공휴일 전후로 출근하는 주말이 있다는 사실이지요. 우리나라는 설날·추석 당일을 전후로 3일 연휴가 공식적으로 가장 긴 연휴이지만, 중국은 음력 1월 1일인 춘제, 10월 1일 궈칭제가 가장 긴 연휴입니다. 무려 7일간이나 쉬지요. 따라서 연휴가 있는 앞뒤 주말에는 출근을 해야 합니다.

중국에서는 해당 명절이 꼭 연휴의 중간에 자리 잡고 있지 않아요. 주말과 연휴를 고려하여 쉬는 날을 매년 바꾸고 있지요.

2019년 공휴일 계획

공휴일	연휴 기간	주말 출근 및 대체 휴일	총 연휴 일수
위안단	12월 30일~1월 1일	12월 29일(토요일)근무	총 3일
춘제	2월 4일~2월 10일	2월 2일(토요일), 2월 3일(일요일)근무	총 7일
칭밍제	4월 5일~4월 7일	주말까지 연휴	총 3일
라오뚱제	5월 1일~5월 4일	4월 28일(일요일), 5월 5일(일요일)근무	총 4일
두안우제	6월 7일~6월 9일	주말까지 연휴	총 3일
중치우제	9월 13일~9월 15일	주말까지 연휴	총 3일
궈칭제	10월 1일~10월 7일	9월 29일(일요일), 10월 12일(토요일) 근무	총 7일

2019년 춘제는 2월 5일인데 위의 표를 보면 2월 4일부터 2월 10일까지 7일을 쉬고, 2월 2일 토요일과 3일 일요일에는 출근을 하게 되어 있어요. 또한 라오뚱제가 5월 1일이지만 4일까지 4일 쉬게 되어 있는 것을 알 수 있습니다.

중국에서는 어떤 명절이나 기념일에 연달아 쉴까요?

등불 축제

우선 새해 첫날인 양력 1월 1일을 중국 사람들은 위안단이라고 하여 3일을 쉽니다. 그날은 우리나라의 신정처럼 새해를 맞이하여 간단하게 새로운 각오를 다지는 정도로 보내곤 하지요.

우리나라의 설날과 동일한 음력 1월 1일은 춘제라고 하는데, 다음 꼭지에서 자세하게 다루도록 할게요.

칭밍제는 정확한 날짜가 정해져 있지 않습니다. 동지로부터 108일째 되는 날로, 4월 5일 혹은 6일인 경우가 많지요. 이날은 춘추시대 진晉나라 문공의 신하인 개자추와 연관이 있습니다. 진나라 문공은 40대 나이에 아버지에게 쫓겨나 19년간의 긴 방랑 생활을 하였는데, 그 오랜 세월 동안 개자추는 문공을 옆에서 보필했어요. 그런데 방랑을 마치고 진나라의 주인이 된 문공은 개자추를 잊어버리고 그를 등용하지 않았습니다. 이에 실망한 개자추는 산속에 은거하지요. 뒤늦게 이 일을 안 문공이 여러 번 개자추를 불렀으나 개자추는 문공 앞으로 나가지 않습니다. 이에 문공이 개자추를 산에서 내려오게 할 요량으로 산에 불을 질렀고, 개자추는 끝내 나오지 않고 불에 타 죽습니다. 그 후로 청밍제에 개자추를 기리는 제사를 지내며, 음식을 할 때 불을 피우지 않는다고 하네요.

문공(왼쪽)과 개자추

양력 5월 1일은 세계 근로자의 날입니다. 1890년부터 시작된 이날을 중국에서는 1950년부터 기념일라오뚱제로 지정하였지요. 중국은 사회주의 국가답게 노동자를 매우 중시하는데, 이날은 전국의 모든 사람이 다 함께 쉬며 노동의 가치를 되새긴다고 하네요. 원래는 7일을 쉬었지만, 2008년부터는 3일 연휴로 줄었습니다. 하지만 2019년에는 나흘, 2020년에는 닷새를 쉬기로 해서 라오뚱제는 매년 며칠을 쉬게 될지 두고 보아야 하겠습니다.

두안우제는 우리의 단오와 마찬가지로 음력 5월 5일입니다. 두안우제는 전국시대 초楚나라의 애국 시인이자 재상인 굴원과 밀접한 관계가 있어요. 왕이 간신들과 영합하고 자신의 간언을 물리쳤을 뿐 아니라, 조정에서 추방까지 시키자 굴원은 실망한 나머지 강에 투신자살을 합니다. 하지만 그를 아꼈던 백성들이 배를 저으며 그의 시신을 찾아다니고, 물고기에게 시신 대신 먹으라고 음식을 던져 준 것에서 유래되어 현재의 용선경주와 쭝즈중국에서 두안우제에 찹쌀 반죽 안에 대추 혹은 고기와 팥 등을 넣고 싸서 삶아 먹는 전통 음식 풍습이 생겼다고 하네요.

1949년 10월 1일 톈안먼에서 건국을 선포하는 마오쩌둥

중치우제는 우리의 추석과 같은 음력 8월 15일입니다. 중국인은 우리만큼 중치우제를 중시하지는 않아요. 보름달이 뜬 밤에 가족들이 동그랗게 모여 앉아 달을 감상하며 월병위에빙을 먹는 정도이지요.

궈칭제는 양력 10월 1일입니다. 길었던 국공 내전을 끝내고 공산당만의 단독 정부를 세운 건국기념일이라고 할 수 있지요. 중화인민공화국은 1949년 10월 1일에 정식으로 건국되었는데, 그날을 기념하여 10월 첫째 주 7일 동안을 공휴일로 지정하여 쉬고 있어요. 궈칭제 연휴 동안 중국 사람들은 여행을 많이 다녀요.

중국을 알자　　　　　10

중국에서도 설날에 세뱃돈을 주나요?

중국도 우리나라의 설날처럼 음력 1월 1일에 춘제를 쉽니다. 그렇다면 우리나라의 설날과 중국의 춘제는 무엇이 같고 무엇이 다를까요?

춘제 아침에 중국인들은 친지를 방문해서 세배를 합니다. 큰절을 하는 우리와는 다르게 대부분 허리를 약간 숙이는 정도로 간단한 인사를 하는데, 부모나 가족의 웃어른에게는 큰절을 하기도 합니다. 아울러 "신니앤콰이러 새해 복 많이 받으세요.", "꽁시파차이돈 많이 버세요." 같은 덕담을 하지요. 웃어른에 대한 세배는 정월 초하루 정오 이전에 끝내는 것이 원칙인데, 이런 세배를 중국어로는 '빠이니앤'이라고 합니다. 우리와 마찬가지로 세뱃돈을 받는데 이것은 중국어로 '야쒜이치앤'이라고 하지요. 특이할만한 사항은 절대 흰색 봉투에 담아 주지 않는다는 것입니다. 중국 사람들은 흰색 봉투에 죽은 사람을 위한 노잣돈을 넣어 준다고 생각하거든요. 보통 길한 의미를 지닌 붉은색 봉투, 즉 '홍빠오'에 세뱃돈을 짝수로 맞춰서 담아 줍니다. 최근에는 스마트폰 결제가 활성화되면서 스마트폰으로 홍빠오를 전송하는 새로운 문화가 생겼다고 해요.

우리나라 사람들은 설에 무병장수를 기원하는 가래떡으로

홍빠오

자오즈

니앤까오

만든 떡국을 먹지만 중국 사람들은 다른 것을 먹습니다. 우선 중국은 북방과 남방의 먹는 음식이 다릅니다. 장강을 중심으로 남북이 다른 음식을 먹지요. 북쪽 지역 사람들은 만두, 즉 자오즈饺子를 먹습니다. 자오즈의 발음이 '자시子时: 밤 11시~1시를 지난다'라는 뜻의 자오즈交子와 같기 때문에 송구영신의 의미로 만두를 먹는 것이랍니다. 남쪽 지역에서는 중국어로는 니앤까오年糕라고 불리는 떡을 먹습니다. 자오즈와 마찬가지로 니앤까오의 발음이 '올해에 발전한다'는 의미의 니앤까오年高와 동일하여 길한 의미로 먹는 것이지요.

중국인들은 춘제가 다가오면 어마어마한 양의 폭죽을 터뜨려요. 폭죽을 터뜨리는 일에 악귀와 병마를 쫓아낸다는 의미가 담겨 있어서 중국 사람들은 너도나도 춘제에는 폭죽을 터뜨립니다. 오랜 전통인 폭죽 터뜨리기는 화재의 위험 때문에 현재는 대부분의 도시에서 금지되고 있지만 아직도 터뜨리는 사람들이 적지 않아요.

춘제 무렵이 되면 중국 사람들은 대문에 이런 저런 글자를 많이 붙입니다. 거꾸로 된 '복福'자와 좌우로 나란히 글자 수를 맞춰 붙이는데 이것을 '춘리앤春联, 춘련'이라고 합니다. '복'자를 일부러 거꾸로 붙이는 이유 역시 발음이 비슷한 것을 이용하기 때문이고요. '거꾸로'라는 말은 중국어로 '따오倒'라고 하는데, '오다到'의 발음도 '따오'입니다. '복이 온다'는 의미로 해석할 수 있겠죠. 춘리앤은 붉은 바탕의 종이에 황금색 혹은 검정색으로 글씨를 씁니다. 다양한 내용의 복을 불러오는 말을 써 붙여 놓지요. 우리나라에도 입춘을 즈음하여 '입춘대길立春大吉', '건양다경建阳多庆'이라는 입춘첩을

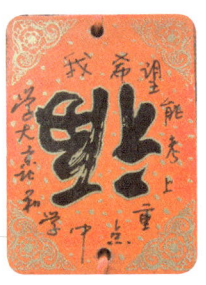

거꾸로 된 복

붙이는 비슷한 풍습이 있습니다.

   텔레비전이 보급된 이후 중국 춘제에는 새로운 풍습이 생겼습니다. 바로 춘제 특집 방송을 온 가족이 모여서 보는 것이지요. 이 방송은 중국 중앙 방송국인 CCTV에서 매년 춘제 전날인 섣달그믐 저녁 8시부터 춘제 당일 새벽 1시까지 방송하는 '춘제리앤환완후이'라는 프로그램인데, 2019년 본방송 시청자 수가 TV, 인터넷, 모바일, 해외 시청자 모두 포함하여 약 11억 7,300만명이었다고 합니다. 11억명이 넘게 시청하는 방송이라니, 광고료가 얼마나 될지 상상도 되지 않죠? 우리나라에서도 설날 특집 방송을 하긴 하지만, 중국처럼 한 프로그램을 다 같이 모여서 보는 일은 참 특이한 일인 것 같아요.

춘리앤을 붙이는 중국 사람

중국을 알자 — 11

역사서 『삼국지』가 120부 연속극으로?

우리가 흔히 『삼국지』라고 부르는 소설의 원래 제목은 『삼국지연의』입니다. 이 소설은 원元나라 말기에서 명明나라 초기 사이에 나관중이라는 사람이 쓴 것이지요. 하지만 나관중 혼자 지은 것은 아니고, 오랜 세월 동안 여러 사람이 각색하고 모아 두었던 이야기를 나관중이 총정리한 것이라고 보아야 합니다. 원말명초에는 우리나라 판소리처럼 하나의 일관된 이야기를 회를 나누어 이어서 연출하는 이야기꾼이 있었는데, 『삼국지연의』도 그런 이야기꾼들이 연출하던 이야기 중 하나였지요. 그렇다면 『삼국지』는 무엇일까요? 『삼국지』는 중국이 한汉나라 말기부터 삼국으로 분열되고 다시 통일을 이룩하는 과정을 진수가 정리해 놓은 역사서입니다. 『삼국지연의』는 『삼국지』의 바탕 위에 허구를 많이 더한 이야기라고 볼 수 있지요.

『삼국지연의』는 총 120회 분량으로 된 책으로 한 번 이야기를 할 때마다 한 회씩 진행하였으니, 120부 연속극이라고 볼 수 있겠네요. 인기 있는 드라마는 한 회 한 회 진행될 때마다 다음 회를 몹시 기다리게 합니다. 이 소설을 이야기해 주는 이야기꾼도 다음 회를 몹시 기다리게 만드는 방식으로 각 회를 마무리 지었다고 해요. 그런 식으로 120회나 했으니, 엄청난 대하드라마라고 볼 수 있겠죠?

이 소설은 중국 본토뿐만 아니라 우리나라에서도 유행했습니다. 하지만 명나라 초기에 바로 수입된 것이 아니라 유행이 한참 지난 후인 명나라 후기에 소개가 되지요. 특이하게도 『삼국지연의』는 『조선왕조실록』에도 등장하는데 그 내용을 한번 볼까요?

상임금이 문정전 석강에 나아갔다. 『근사록』 제2권을 진강하였다. 기대승이 나아가 아뢰기를,

"지난번 장필무를 인견하실 때 전교하시기를 '장비의 고함에 만군이 달아났다고 한 말은 정사正史에는 보이지 아니하는데 『삼국지연의』에 있다고 들었다.' 하였습니다. 이 책이 나온 지가 오래되지 아니하여 소신은 아직 보지 못하였으나, 간혹 친구들에게 들으니 허망하고 터무니없는 말이 매우 많았다고 하였습니다. …… (중략) …… 그중의 내용을 들어 말씀드린다면 동승의 의대 속의 조서라든가 적벽 싸움에서 이긴 것 등은 각각 괴상하고 허탄한 일과 근거 없는 말로 부연하여 만든 것입니다. (후략)

『삼국지연의』 중 적벽 싸움

『조선왕조실록』을 보면 이 책에 대해 사대부들은 '괴상하고 허탄한' 말이 많이 나오는 소설이라고 하찮게 여겼음을 알 수 있습니다. 이 소설에는 사대부들이 싫어할 만한, 정사와는 거리가 먼 허구적인 내용이 많이 포함되어 있는 것도 사실이니까요. 하지만 선조 임금조차도 『삼국지연의』에 대해 알고 있듯이 조선 중기에는 많은 사람이 이 책을 읽었습니다.

　"『삼국지』를 세 번 읽지 않은 사람과는 대면도 하지 말라."라는 말도 있듯이 우리나라 사람은 유별나게 『삼국지연의』를 좋아합니다. 인터넷 서점의 검색란에 '삼국지'를 쳐 보세요. 수많은 종류의 번역본을 찾을 수 있습니다. 또한 유명한 만화가가 한 번씩은 그려 보는 것이 바로 『삼국지연의』라네요. 『삼국지연의』를 테마로 한 컴퓨터 게임은 이미 1985년부터 지금까지 30여 년에 이르는 역사를 가지고 있습니다. 조선 시대 사대부들은 '허황하고 터무니없다.'고 생각했으니, 지금의 상황을 보면 혀를 끌끌 찰지도 모르겠네요.

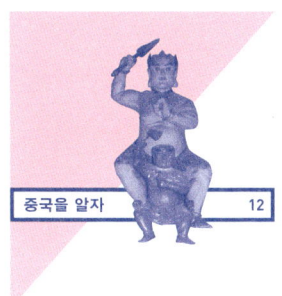

중국을 알자　　　　　　12

중국의
건국 신화에는
태양이 10개나 뜬다고?

세계 여러 나라에는 각기 다른 건국 신화와 전설이 있습니다. 우리나라에는 하늘에서 내려온 환웅과 원래 곰이었던 웅녀 사이에서 태어난 단군이 고조선을 세웠다는 단군 신화, 알에서 태어났다고 하는 주몽, 박혁거세의 건국 신화 등이 있지요. 유럽에서는 올림포스 산의 여러 신들이 서로 사랑하고 싸우는 그리스 신화가 유명하고요. 그렇다면 유구한 역사와 드넓은 영토를 가진 중국은 어떠할까요? 중국 신화는 대부분 『산해경』, 『회남자』라는 책과 굴원이 지은 『초사』라는 작품집에 수록되어 있습니다. 창세 신화, 건국 신화, 영웅 신화 등 여러 종류의 신화가 등장하는데, 그중에 몇 가지만 소개하도록 할게요.

첫째는 창조 신화입니다. 중국 신화에도 신이 세상과 인류를 창조했다는 이야기가 나오는데, 기독교 성서에 등장하는 천지창조 이야기와 유사한 부분이 많다는 것이 매우 특이해요.

원래 세상은 처음에 하늘과 땅이 붙어 있는 큰 달걀 모양의 혼돈 상태였다고 합니다. 반고라는 신이 잠에서 깨어나 보니 너무 갑갑해서 화가 났대요. 어디선가 도끼를 가지고 와서 크게 휘두르니 하늘과 땅이 갈라졌다고 합니다. 그 후 그는 하늘과 땅이 다시 붙을까 염려되어 머리로 하늘을 받치고, 다리로 땅을 딛고 서서 18,000년을 지냈다네요. 반고의 키가 매일 자라서 하늘과 땅이 점점 멀어져 지금 상태에 이르렀고, 하늘이 안정적으로 떠 있는 것을 본 반고는 휴식을 위해 모든 것을 내려놓고 죽었답니다. 그가 죽을 때 그의 숨결은 구름과 바람이 되고, 목소리는 천둥소리로, 눈은 해와 달로,

손과 발은 산으로, 피는 강물로, 핏줄은 길로, 살은 밭으로, 머리카락과 수염은 별로, 피부와 털은 화초와 나무로, 치아, 뼈, 골수는 금속, 돌, 진주, 옥돌로 변하여 세계를 이루었대요. 하지만 그때까지만 해도 아직 인류가 없었는데 인류 창조에 관한 기록은 따로 존재합니다. 천지가 이루어졌으나 아직 무엇인가 허전하다고 느낀 여와는 황토를 빚어 작은 인형 같은 것을 만들었는데, 땅에 내려놓자 꽥꽥 소리치며 신나게 뛰놀며 살아 움직였어요. 크기는 작았지만 신이 직접 만든 것이어서 신과 매우 닮았지요. 이에 크게 만족한 여와는 더 많은 인간을 만들었습니다. 하지만 천지가 워낙 넓었기 때문에 천지를 다 채우기에는 역부족이었지요. 그리하여 여와가 줄 하나를 구해 와서 진흙에 넣고 크게 흔들었더니 튀어 나온 방울들이 인간으로 모두 변하여 세상에 인간이 가득 차게 되었다고 하네요.

둘째는 신들의 전쟁에 관한 신화입니다. 대표적인 신들의 전쟁은 공공과 전욱의 전쟁인데, 그들은 각기 염제와 황제의 후예로 알려져 있어요. 옛날에 중원의 패권을 놓고 염제와 황제가 다투어 황제가 승리하고 염제가 남방 지역으로 쫓겨난

부주산을 들이받는 공공

인간을 창조한 복희와 여와

태양을 쏘는 예

일이 있었습니다. 그 후 황제의 후예인 전욱이 공공을 잔혹하게 핍박하고 억압하는 일이 빈번하게 발생했어요. 이에 공공이 전욱에 대항하여 잃어버린 상제의 지위를 되찾기 위해 전쟁을 벌이지요. 신계에서 벌어진 치열한 전투는 어느덧 인간계로 내려와 하늘을 받치고 있던 기둥의 하나인 부주산 근방까지 이르게 됩니다. 이때 공공은 쉽게 이기지 못함을 분히 여겨 부주산을 머리로 들이받는데, 그 때문에 하늘이 기울어져 지금처럼 천체가 기울어진 상태가 되었다는 전설이 내려와요.

셋째는 영웅에 관한 이야기입니다. 옛날 세상의 동쪽 끝에 매우 큰 뽕나무가 한 그루 있었는데, 그 그늘에 천제天帝의 열 아들이 함께 살고 있었대요. 아들들은 다리가 세 개 달린 황금 새였는데, 하루에 한 명씩 번갈아 가면서 하늘에 떴지요. 사람들이 그것을 태양이라고 일컬었고요. 그러던 어느 날 장난기가 발동한 열 마리가 한꺼번에 떠서 인간 세상에 난리가 났대요. 지상의 왕이었던 요堯 임금이 천제에게 구원을 요청했고 이에 천제가 신 가운데 정직한 예를 보내 아들들을 혼내 주라고 했지요. 명사수였던 예는 아내인 항아와 함께 지상에 내려와 화살로 열 아들을 차례로 쏘아서 죽이려 했습니다. 요 임금이 태양이 다 없어질까 두려워 화살 한 개를 숨겨 예는 아홉 개의 태양만 사라지게 했다네요. 그런데 아들을 죽인 예에게 화가 난 천제가 예와 그의 아내 항아를 신적에서 지워 그들은 인간으로 강등이 되었어요. 이에 예는 불사약을 가지고 있는 서왕모를 찾아갑니다. 서왕모에게는 안타깝게도 불사약이 딱 두 알 남아 있었는데, 그 두 알 중 한 알을 먹으면 불로장생, 두 알을 다 먹으면 하늘로 오를 수 있었대요. 두 사람이니 당연히 불사약이 모자랐겠지요? 그런 자초지종을 안 항아는 남편 몰래 불사약을 두 알 다 먹고 하늘로 올라갔어요. 그런데 이 사실을 꿰뚫어 본 천제가 항아를 달에 가두고 외모도 추한 두꺼비 모양으로 바꾸어 버렸대요. 지금도 달을 보면 그 모습을 볼 수 있다고 하네요.

중국을 알자   13

중국 사람의 '8' 사랑, 올림픽도 8월 8일 8시에

 중국 사람이 가장 좋아하는 숫자는 무엇일까요? 바로 8입니다. 중국어로 8은 빠八라고 읽는데, 이것은 '돈을 벌다'는 의미인 파发와 발음이 비슷하기 때문이에요. 그래서 8이 들어간 전화번호나 자동차 번호판은 경매에서 매우 비싼 값에 낙찰되기도 하지요. 유명 호텔이나 여행사의 전화번호가 8888로 끝나는 경우가 많은 이유도 이 때문입니다.

 마트나 시장에 가면 가격표가 8로 끝나는 경우가 많고,

회사나 호텔의 경우 888호 혹은 88호라고 번지수를 커다랗게 써 놓기도 해요. 상하이의 야경 명소 진마오타워는 층수가 88층, 주소는 88번지입니다. 홍콩 디즈니랜드는 면적이 888m²이고, 마오쩌둥이 세운 만리장성 기념비도 해발 888m에 위치하고 있고요. 2014년 1월에는 奧B8888R라는 자동차 번호판이 경매에서 무려 172만 위안약 2억 9,240만 원에 낙찰되었대요. 2019년 1월에는 휴대전화 번호 끝자리 88888인 번호가 26만 위안약 4,420만원으로 경매에 낙찰되기도 했고요. 중국 올림픽 개막식도 2008년 8월 8일 8시에 열렸으니 중국 사람이 얼마나 8을 좋아하는지 쉽게 짐작할 수 있겠지요?

이런 일도 있었어요. 미국 뉴욕에 미국과 중국이 합작을 하여 100층짜리 건물을 짓는데 중국 측이 맨 꼭대기를 88층으로 하는 조건을 내걸었다고 합니다. 그래서 1층부터 12층까지는 쇼핑센터 등 상업 시설을 넣고, 13층을 1층으로 표시하여 사무실과 아파트를 분양하는 방법을 썼대요. 이렇게 하면 100층이 88층으로 표기되는 것이지요.

8 다음으로 중국 사람이 좋아하는 숫자는 6과 9 입니다. 6은

중국어로 六liù인데 이것은 '순조롭다'라는 뜻의 '流liú'와 발음이 비슷해서 좋아해요. 9는 중국어로 九jiǔ라고 하는데, 이것은 '오래 살다, 길다'의 뜻인 久jiǔ와 발음이 같아서 좋아합니다. 중국 제약 회사 중 '999'라는 회사가 있는데, 이 회사에서 만든 약을 먹은 사람은 정말 오래 살겠지요?

중국인은 숫자 4를 싫어해요. 우리나라 사람과 비슷하지요. 4는 중국어로 'sì'인데 이것은 死죽을 사 발음과 비슷하기 때문에 싫어합니다. 어떤 건물은 4층이 아예 없고 3층 다음에 곧바로 5층이 나온답니다.

중국에서 인기 있는 자동차 번호판

중국을 알자　　　　14

중국 청소년에게 가장 인기 있는 직업은?

'유지자사경성有志者事竟成'이라는 중국 성어가 있습니다. '뜻이 있는 자는 결국 일을 성취한다.'는 의미이지요. 꿈과 희망은 인생을 살아가는 데 있어 매우 중요한 요소입니다. 직업과 일은 꿈을 이루기 위해 꼭 필요한 요소이며, 자신이 원하는 직업을 갖기 위해 사람들은 노력하지요. 중국 청소년도 한국 청소년처럼 자신의 꿈을 위해 지금 이 시간에도 열심히 학업에 매진하고 있습니다. 그렇다면 그들은 어떤 직업을 갖고 싶어 할까요?

 우선 한국 청소년들이 어떤 직업을 선호하는지 알아볼게요. 2018년에 한국 교육부와 한국직업능력개발원은 전국 1천200개 초중고 학생 2만7천265명, 학부모 1만7천821명, 교원 2천800명을 대상으로 초·중등 진로교육 현황조사를 했어요. 그 결과 중학생 희망직업은 교사가 1위였고, 이어 경찰, 의사, 운동선수, 조리사요리사, 뷰티 디자이너, 군인, 공무원, 연주·작곡가, 컴퓨터공학자·소프트웨어개발자 순이었어요. 고등학생 희망직업 1위도 중학생과 마찬가지로 교사였고 간호사, 경찰관, 뷰티 디자이너, 군인, 건축가·건축디자이너, 생명·자연과학자 및 연구원, 컴퓨터공학자·소프트웨어개발자, 항공기승무원, 공무원이 뒤를 이었어요. 우리나라 중학생, 고등학생 희망 직업 1, 2순위가 교사, 경찰, 간호사인 것을 보면 안정적이고 취업이 잘 되는 직업을 선호하는 경향이 짙다는 것을 알 수 있어요.

 반면 최근 중국은 청소년만을 대상으로 직업 선호도를 조사한 자료는 없어요. 단, 2018년 이뎬파이항왕一点排行网에서 중국에서 각광받는 대표 10개 전공에 대해 조사한 내용

4개국 직업 선호도

	한국	중국	일본	미국
1위	교사	전자상거래	공무원	의사
2위	경찰, 간호사	소프트웨어 개발	교사	건축가, 디자이너
3위	디자이너, 컴퓨터 관련	컴퓨터 하드웨어 및 네트워크 장치	건축가, 디자이너	운동선수, 배우

을 보면 청소년들이 선호하는 직업군에 대해 추측할 수 있어요. 바로 1위 인터넷 전자상거래, 2위 컴퓨터 소프트웨어, 3위 컴퓨터 하드웨어 및 네트워크 장치, 4위 IT 서비스 및 시스템, 5위 마이크로 전자, 6위 통신 설비 및 운영, 7위 컨설팅, 회계, 법률, 8위 부동산 개발 및 건설, 9위 기계 제조 및 중공업, 10위 금융, 투자 분야입니다. 이러한 점을 보더라도 중국 청소년들은 안정적인 것보다 컴퓨터 프로그램을 개발하는 등 창의적인 분야 및 경영에 대한 관심이 많다는 것을 알 수 있어요.

중국은 현재까지 비약적인 경제 성장을 이루어 냈습니다. 이러한 사회적 분위기는 중국 청소년들이 도전 정신을 갖고 직업을 찾을 수 있도록 이끌었지요. 중국 최대 전자 상거래

업체인 '알리바바'의 창업자 마윈马云은 세계적으로 성공한 기업가입니다. 평범한 영어 강사였던 마윈이 자신의 꿈과 성실함만을 무기로 지금의 알리바바 기업을 이끄는 수장이 된 점은 중국 청소년들에게 많은 메시지를 전달했어요. 그는 중국 청소년들에게 실패를 두려워하지 않고 도전하는 정신의 바람직함을 알려주었고, 기업가를 최고의 직업으로 생각하게 하는 데 일조했지요. 한편 경제상황이 좋지 못한 우리나라에서는 최근, 많은 청소년들이 안정적인 직업만을 선호합니다. 하지만, 자신의 꿈을 위해 좀 더 과감한 선택을 해보는 건 어떨까요? 도전정신이 아쉬운 요즘입니다.

중국을 알자 15

황허 강은 정말로 강물 색이 누런가요?

황허 강은 쿤룬 산맥에서 시작해 산둥성山东省 보하이 만渤海湾, 발해만으로 흐르는 약 5,400km에 이르는 강으로 중국에서는 양쯔 강 다음으로 길며, 세계에서 5번째로 깁니다. 티베트 고원에서 화베이 평원까지 이어지는 강 유역의 황토 지대는 토양이 비옥하고 수분이 충분해서 넓은 곡창 지대를 이루지요. 황허강은 이 황토 지대를 지나므로 누런 흙탕물일 수밖에 없습니다. 이러한 비옥한 환경 때문에 황허 강 주변에서 중국 고대 문명이 꽃을 피웠지요. 황허 문명은 양쯔 강 문명과 함께 중국 고대 문명을 대표합니다.

황허 강이 지나는 곳에는 수많은 관광지가 있습니다. 사막으로 둘러싸인 분지인 닝샤, 즉 닝샤후이족자치구는 중국에서 가장 많은 밀이 생산되는 지역이에요. 닝샤의 주도이며 대표 도시인 인촨에서 약 40km 떨어진 곳에 '사후'가 있어요. 이곳은 갈대숲이 우거진 호수 속에 드넓은 사막이 있는 절경으로 늘 관광객으로 북적이지요.

후커우 폭포는 산시성에 위치한 높이 50m, 넓이 30m의 폭포입니다. 거대한 황허 강의 흐름이 갑자기 좁아지고 낙차가 커지면서 생긴 독특한 물의 흐름 때문에 유명한 곳이지요. 후

후커우 폭포

커우는 '주전자 주둥이'라는 뜻으로, 폭포가 주전자 주둥이에서 쏟아지는 것 같아서 이런 이름을 붙였대요. 수많은 관광객이 황허 강의 장엄한 풍광을 보기 위해 이곳으로 몰려갑니다.

황허 강의 기백을 느끼기 위해 이백의 유명한 시 '장진주 將進酒, 술을 권하다'의 일부를 읊어 볼까요?

君不見	그대는 보지 못하였는가
黃河之水天上來	황허의 물이 하늘에서 내려와
奔流到海不復回	바다로 흘러가 다시는 돌아오지 못하는 것을
君不見	그대는 보지 못하였는가
高堂明鏡悲白髮	고당의 밝은 거울 속 슬픈 백발을
朝如靑絲暮成雪	아침엔 푸른 실 같더니 저녁에는 백설이 되었다네
人生得意須盡歡	인생의 뜻을 알았으면 그 기쁨을 누려야지
莫使金樽空對月	황금 술잔이 텅 빈 채로 밝은 달을 보지는 말아야 하리
天生我材必有用	하늘이 나를 내렸으니 반드시 쓸 데가 있을 터
千金散盡還復來	천금은 다 쓰면 다시 돌아오는 법
烹羊宰牛且爲樂	양을 삶고 소를 잡아 즐기며
會須一飮三百杯	한번 마시면 삼백 잔은 마셔야지

황허 강의 호방한 풍광을 보며 술잔을 들었을 이백의 모습이 떠오르네요.

중국을 알자   16

중국에서는 '커커우커러'가 '코카콜라'라고?

한글은 표음문자_{말소리를 그대로 기호로 나타낸 문자}이므로 미국의 대표 음료수 Coca-Cola를 '코카콜라'로 소리나는 대로 표기할 수 있습니다. 이와 달리 중국어는 표의문자_{하나하나의 글자가 음과 상관없이 일정한 뜻을 나타내는 문자}이므로 단순한 소리 모방으로 표기하는 것이 불가능해요. Coca-Cola는 비슷한 발음인 '可口可乐_{커커우커러}'로 표기하며, '입에 꼭 맞고 먹을수록 즐겁다'라는 뜻을 내포하고 있습니다. 중국어 외래어 표기 방식은 소리뿐만 아니라 의미도 포함할 수 있어서 새로운 단어를 이해하기가 훨씬 쉽지요.

중국어에서 기본적으로 외래어를 만드는 방법은 i)소리를 비슷하게 만드는 음역 ii)뜻을 포함하여 만드는 의역 iii)소리와 의미를 함께 고려하여 만든 음의겸역입니다.

소리를 비슷하게 만드는 음역을 이용하여 외래어를 만드는 방식은 아래와 같습니다.

음을 표기하고 의미까지 고려하는 방법

	간화자	중국어 발음	뜻	의미
1	首尔	Shǒu'ěr	서울	으뜸이고 아름다운 도시
2	维他命	wéitāmìng	비타민	생명을 유지시킨다
3	肯德基	kěndéjī	KFC	덕을 기본으로 한다
4	奔驰	bēnchí	벤츠	질주하다
5	易买得	yìmǎidé	이마트	쉽게 물건을 살 수 있다

오직 음만을 고려하는 방법(주로 인명, 지명 등 고유명사가 많음)

	간화자	중국어 발음	뜻
1	贝多芬	Bèiduōfēn	베토벤
2	意大利	Yìdàlì	이탈리아
3	哈利波特	Hālìbōtè	해리포터
4	迪士尼	Díshìní	디즈니
5	罗马	Luómǎ	로마

의역외래어는 중국어가 표의문자이므로 가능한 조어 방

법이에요. 이 방법은 의미를 전혀 알 수 없는 외국어의 의미를 쉽게 이해할 수 있어요. 그래서 중국 사람은 여러 가지 외래어 표기 방식 중 의역 방식을 선호해요.

의역 외래어

	간화자	중국어 발음	원어	뜻
1	黑板	hēibǎn	blackboard	칠판
2	足球	zúqiú	football	축구
3	电脑	diànnǎo	computer	컴퓨터
4	热狗	règǒu	hot dog	핫도그
5	地铁	dìtiě	subway	지하철

소리와 의미를 함께 고려하여 만든 음의겸역 외래어는 한 어휘의 앞부분 혹은 뒷부분을 일부는 음역하고 일부는 의역하는 혼합방법입니다. 발음도 비슷하고 좀 더 명확하게 뜻을 나타내주는 장점이 있는 방법입니다.

음의겸역 외래어

	간화자	중국어 발음	원어	뜻
1	啤酒	píjiǔ	beer	맥주
2	芭蕾舞	bālěiwǔ	ballet	발레
3	摩托车	mótuōchē	motorcycle	오토바이
4	冰淇淋	bīngqílín	ice cream	아이스크림
5	迷你裙	mínǐqún	miniskirt	미니스커트

한글은 표음문자라 외래어를 만들 때 큰 어려움이 없었지

만 중국어는 여러 방법들이 있네요.

우리도 앞으로 중국에 진출할 경우, 이런 방법을 잘 참고하여 멋진 이름을 지을 수 있겠죠?

김밥천국

초코파이

이마트

KFC

피자헛

배스킨라빈스31

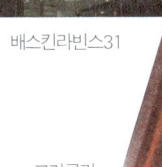
코카콜라

중국을 알자 17

요우커가
좋아하는
우리나라 우유는?

'요우커가 백화점의 VIP로 급부상했다.'라거나 '올해 요우커가 600만 명을 넘어 섰다.'라는 뉴스를 우리는 자주 접합니다. 그런데 정작 요우커의 의미를 자세히 아는 사람은 드뭅니다. 요우커는 한자로 '游客'라고 써요. '游놀유'는 '여행하다'라는 뜻이고, '客손객'은 '손님'이라는 뜻이니까 '여행객'이라고 번역할 수 있지요. 일반적으로 중국에서는 해외여행을 하는 사람들을 일컫습니다.

우리나라 명동을 방문한 요우커

 최근 들어 요우커라는 말을 많이 접하게 된 것은 중국 사람이 우리나라에 많이 여행을 오기 때문이지요. 2000년 이후 중국 경제가 급성장하면서 해외여행을 하는 사람이 늘어났어요. 우리나라는 중국과 거리상으로 가까우면서도 그리 비싸지 않은 편리한 여행지이기 때문에 많은 요우커가 찾아오고요. 특히 2014년에는 600만 명이 넘는 요우커가 우리나라에 오면서 중국인 해외여행지 1위로 한국이 당당히 이름을 올렸다고 하니 대단하지요?

 요우커들을 자주 볼 수 있는 곳은 어디일까요? 그곳은 바로 서울입니다. 우리나라 사람들이 좋아하는 곳을 중국 사람들도 매우 좋아하는데, 요우커들이 많이 가는 곳은 i)명동,

대학로, 홍익대 부근같이 최신 유행에 앞서가면서 쇼핑이 편리한 관광지 ii)경복궁이나 인사동 같은 우리만의 독특하고 아름다운 전통문화를 엿볼 수 있는 곳 iii)남산, 한강과 같은 자연환경이 아름다운 곳 등이래요. 제주도 역시 서울만큼이나 요우커가 매우 좋아하는 곳입니다. 제주도는 아름다운 자연환경을 가진 휴양지로 선호해요. 중국 사람들은 서울 관광을 한 후, 제주도까지 둘러보고 간다고 하네요.

요우커하면 빼놓을 수 없는 것이 쇼핑입니다. 요우커는 우리나라 쇼핑 업계에서 굉장히 귀한 손님이예요. 중국인들은 여행을 할 때 '여행은 아끼지 않고 즐겁게 해야 한다.'는 인식

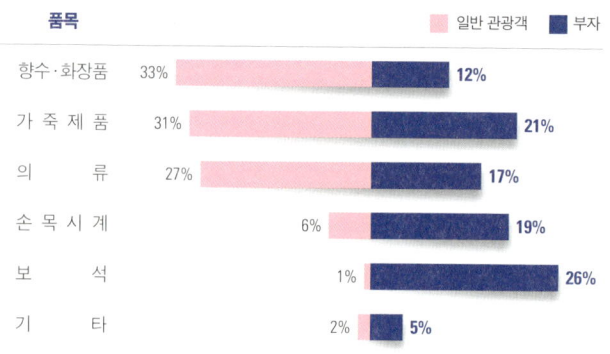

자료 2013년 중국 면세 보고

이 있어서 쇼핑도 아끼지 않고 합니다. 공항, 백화점, 면세점에서 중국에서 구하기 힘든 물건을 많이 사 가지요. 슬프게도 서울 시내의 유명 면세점에 가면 점원들이 중국인 고객을 맞이하느라 정작 한국 고객에게는 눈길조차 주지 않는 경우도 있어요. 중국 사람들이 면세점에서 많이 사는 품목은 향수, 화장품, 가죽 제품, 손목시계 등인데 고소득층은 보석, 고급 손목시계 등을, 일반 여행객들은 향수, 화장품, 의류 등을 많이 산다고 하네요.

한 가지 재미있는 사실은 우리나라의 바나나 맛 우유가 요우커들에게 굉장히 인기가 있다는 거예요. 중국 사람들이 몰리는 관광지 주변의 슈퍼마켓이나 편의점에는 중국어로 '바나나 맛 우유'라고 써 붙여 놓은 곳도 많이 보인답니다.

바나나 맛 우유

중국을 알자　　　　　　　　18

중국 사람이
가장 많이 사용하는
SNS는?

소셜 네트워크 서비스SNS는 전화기처럼 현대인에게 필수적인 소통 매개체입니다. 2004년 서비스를 시작한 페이스북, 2006년 서비스를 시작한 트위터는 대표적인 SNS이지요. 전 세계인들이 가입하여 자유롭게 활동하고 있고요. 중국에도 웨이보라는, 트위터와 같은 플랫폼이 2007년부터 퍼지기 시작했어요.

　웨이보는 '작다Micro'는 뜻의 '웨이微'와 '블로그'를 뜻하는

'보커博客'의 첫 글자를 합친 말로, 영어의 '마이크로 블로그'에 해당합니다. 중국판 트위터라고 할 수 있죠. 중국의 대형 인터넷 포털인 시나sina.com, 텐센트qq.com, 왕이163.com, 소후sohu.com 등이 각각 시나웨이보, 텅쉰웨이보, 왕이웨이보, 소후웨이보를 운영하고 있어요. 2010년부터 본격적으로 웨이보 서비스를 운영한 시나와 텅쉰이 중국 사람들이 가장 많이 사용하는 웨이보입니다.

2019년 웨이보 3분기 실적 발표에 따르면 9월 한달 간 사용자수는 4억 9,700만명으로 전년 대비 약 5,100만명이 증가했다고 해요.

이렇게 웨이보 사용자가 점점 증가하는 이유는 무엇일까요? 첫째, 중국에서는 페이스북이나 트위터가 차단되어 이용할 수가 없어요. 당연히 웨이보를 사용할 수밖에 없지요. 둘째, 웨이보를 통해 중국 언론이 다루기 꺼려하는 민감한 사안들을 실시간으로 전달할 수 있습니다. 각 지역의 시위 같은 각종 분쟁 상황을 손쉽게 확인할 수 있지요. 셋째, 기업들이 웨이보를 이용하여 할인 쿠폰, 체험, 마케팅 같은 이벤트를 하기 때문에 웨이보의 인기는 식을 줄을 모릅니다.

스마트폰 사용자가 증가하면서 웨이보뿐 아니라 우리나라의 카카오톡과 같은 모바일 메신저도 유행하고 있어요. 대표적인 모바일 앱은 위챗WeChat입니다. 텐센트는 컴퓨터에서 사용할 수 있는 QQ메신저를 시작으로 모바일에서 유용하게 사용할 수 있는 위챗을 개발했지요. 위챗의 원래 이름은 웨이신微信이며, 2011년에 서비스를 시작하였어요. 위챗 및 위챗 미니프로그램을 이용한 수는 2018년 9월 기준 약 10억 8,200만명으로 전년 대비 10.5% 늘었다고 해요. 이렇게 계속 비약적으로 이용자 수가 늘어나는 이유는 무엇일까요?

위챗은 이제 단순한 메시지 전달 기능을 넘어 쇼핑, 휴대

위챗페이

폰 요금 및 공과금 납부, 배달 서비스, 택시 호출, 공유자전거 이용, 세뱃돈홍바오,红包 전달 기능, QR코드 결제 기능, 일자리 찾기, 위챗 운동WeRun, 위챗 독서 등 다양한 기능을 제공하고 있어요. 이렇게 다양한 기능을 사용할 수 이유는 별도의 앱을 다운받지 않고 서비스를 이용할 수 있는 미니 프로그램이 있기 때문이예요. 구글의 앱 스트리밍과 비슷한 것이라 할 수 있어요. 그래서 위챗을 활용해 편리하게 영화표, 호텔, 항공권도 예약할 수 있고, 음식도 배달시킬 수 있어요.

위챗이 비약적으로 성장할 수 있었던 것은 바로 위챗페이라는 결제 기능 때문이예요. 위챗페이는 알리페이와 함께 중국인들이 가장 많이 사용하는 전자화폐예요. 중국에서는 이러한 전자화폐가 보편화되어 있어서 머지않아 종이화폐는 그 모습을 볼 수 없을 것 같아요.

오늘부터 중국인 친구와 위챗으로 대화를 나누어 봐요. 중국인 친구와 다양한 기능을 활용하여 더욱 친해질 수 있겠죠?

중국을 알자　　　　　19

중국 사람은
왜 크게
말할까요?

요즘 서울 명동에 가면 중국인 관광객을 쉽게 만날 수 있습니다. 중국 사람이 여러 명 모인 곳을 지나다 보면 마치 악을 쓰듯이 이야기하는 모습을 접할 수 있는데요, 중국 사람의 목소리가 한국인보다 더 크기 때문일까요?

'해피투게더'라는 예능 프로그램에 출연한 중국 출신 방송인 장위안이 이에 대해 해명을 했습니다. 중국 사람들은 작은 목소리로 이야기하면 예의가 아니라고 생각하며, 중국 사투리는 표준어인 '푸퉁화'보다 억양, 발음이 강하다고 말이지요.

중국어에는 한국어와는 다르게 한 글자마다 음의 높낮이가 있습니다. 그것을 성조라고 해요. 성조는 제1성, 제2성, 제3성, 제4성 총 4개로 이루어져 있어요. 각 성조마다 음의 높낮이가 있으며, 그에 따라 의미가 달라집니다. 그렇기 때문에 중국어는 노래처럼 들리기도 해요. 성조를 분명히 발음해야 자신의 생각을 정확하게 전달할 수 있으니까요.

중국에는 지역별로 다양한 사투리가 존재합니다. 그중 광둥어는 무려 6개의 성조가 있어 푸퉁화로 말하는 것보다 목소리가 더 크게 들릴 수 있습니다.

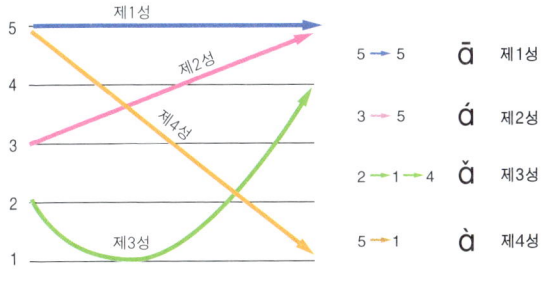

중국어의 4가지 성조

중국어를 배우는 외국인

    중국 사람의 목소리가 크다고, 혹시 그들이 화를 낸다고 오해했나요? 절대 그렇지 않습니다. 사실 목소리는 사람마다 다르고, 상황에 따라 그 크기도 다르니까요. 중국인과 대화할 때 가장 중요한 것은 목소리의 크기가 아니라 대화의 내용이라는 것, 아시죠?

중국을 알자 20

사투리가 심해 서로 못 알아듣는다고?

중국 사람 10명 중 3명이 표준어인 푸퉁화로 정상적인 의사소통을 하지 못한다고 합니다. 우리나라에도 경상도 전라도 사투리 등 각 지역별로 언어 차이가 있지만 의사소통이 안 될 정도는 아니예요. 표준어가 일반적으로 보급되어 있기 때문이지요.

중국의 육지 면적은 약 960만Km²로 한반도의 약 44배에 달합니다. 중국 인구는 약 14억 명으로 세계 1위이고 56개의 민족이 살고 있어요. 각 지역별로 언어의 차이가 두드러질 수밖에 없지요. 중국에는 지역별로 7대 방언이 있습니다. 한족의 약 70%가 사용하는 북방 방언官话, 北京话 포함을 비롯하여 오 방언吳-상하이, 저장성, 상 방언湘-후난성, 감 방언贛-장시성, 후베이성 동남 지역, 객가 방언客家-장시성, 광둥성 동북부, 민 방언閩-푸젠성, 월 방언粵-광둥성, 홍콩이지요.

예를 들어 '안녕!'을 표준말로는 '你好!니하오'라고 하고 월

중국어 방언 지역 구분도

방언, 즉 광둥어로는 '你好!네이 호우'라고 합니다. 표준말로 아침 인사는 '早上好!자오상 하오', 광둥어로는 '早晨!조우 산'이예요. 발음 뿐 아니라 글자도 다르게 쓰는 경우가 대부분이지요. 특히 광둥어는 성조가 표준어인 푸퉁화보다 2개가 더 많은 6성조입니다. 다른 지역의 언어도 마찬가지고요. '잘 가'는 표준어로 '再见짜이찌앤'으로, 객가 방언으로는 '再见짜이끼안'이라고 발음합니다. 표준어로 아침 인사는 '你早!니 자오', 상해 말로는 '侬早!농 조우'라고 하지요.

이렇게 같은 인사말도 지역별로 발음과 글자가 다르므로 서로 의사소통이 힘든 경우가 많아요. 하지만 학교에서 푸퉁화를 배우니 방언은 별도로 학습한다면 무리가 없을 것입니다. 외국어처럼 공부를 해야 한다는 것이 부담이지만요.

중국을 알자　21

중국 유행어
이것만 알면
나도 핵인싸!

요즘 TV 프로그램, SNS 등 다양한 매체에서 자주 사용하는 유행어를 이해하지 못해 어리둥절할 때가 있어요. 그래서 자주 쓰는 유행어를 알고 있어야 인싸가 될 수 있겠죠? 또한 유행어는 현대 사회에서 가장 이슈화되고 있는 내용을 포함하고 있어요. 그래서 유행어를 이해하는 것은 그 나라 사람과 사회를 이해하는 데 중요한 도구랍니다. 그럼 중국 청소년들은 요즘 어떤 유행어를 쓸까요?

한어병음 줄임말

아래 표는 중국어 한자음을 로마자로 표기하는 발음 부호인 한어병음을 줄여서 쓰는 유행어예요. 몇 가지를 살펴볼까요?

	한자	한어병음	줄임말	의미
1	对不起	duìbuqǐ	dbq	미안하다
2	笑死我了	xiào sǐ wǒ le	xswl	웃겨 죽겠다
3	真情实感	zhēn qíng shí gǎn	zqsg	진심
4	哈哈哈哈	hāhāhāhā	hhhh	웃음소리
5	暖说说	nuǎn shuōshuo	nss	따뜻하게 말하다 (SNS에서 좋아요, 댓글로 훈훈한 분위기를 조성하는 것)
6	好友圈	hǎoyǒu quān	hyq	웨이보(중국 소셜미디어)의 친한 친구 그룹
7	盛世美颜	shèngshì měi yán	ssmy	세젤예(세상에서 제일 예쁘다)

한어병음 앞 글자를 따서 재미있는 유행어가 탄생했네요. 중국판 카톡인 QQ같은 곳에서 이렇게 대화를 나눌 수 있어요. 우리도 요즘 줄임말을 많이 쓰는데 중국 청소년들도 비슷하네요.

쩐샹真香 zhēn xiāng

'쩐샹真香'은 '정말 맛있다'라는 뜻으로 《변형계 变形计》라

왕징저가 '쩐샹'이라고 말하는 장면

는 TV 프로그램에서 왕징저王境泽가 한 말입니다. 이 프로그램은 중국 도시에서 사는 친구들이 농촌에 가서 생활하는 프로그램이예요. 그는 농촌에 가서 "너희 음식을 절대 먹지 않을 거야."라고 말했는데, 곧바로 화면이 전환되고, 음식을 먹으며 "너무 맛있어真香!"라고 말해버렸어요. 그래서 왕징저처럼 안 하겠다고 큰소리치다가 결국 그 일을 하게 되는 상황 또는 사람에게 '쩐샹!'이라고 말해요.

충야 冲鸭 chōng yā

'충冲'은 '돌진하다'라는 뜻으로 우리말로 '파이팅, 가즈아'와 같은 의미예요. 원래 '충야冲呀'에서 어기조사인 '야呀' 대신에 발음이 같은 야오리, 鸭를 넣어 만든 새로운 유행어예요. 중국어에는 이처럼 발음은 같지만 형태, 의미가 다른 한자를 이용하여 표현한 유행어가 많아요. 오늘 친구들에게 '충야冲鸭'라고 말해주는 것은 어때요?

워타이난러 我太难(南)了 Wǒ tài nán (nán) le

'나 너무 힘들어我太难(南)了'는 '콰이서우快手' 사이트의 한 동영상에서 나온 유행어예요. 슬픈 배경음악에 BJ가 미간을 찌푸리며 "나 너무 힘들어, 요즘 스트레스가 너무 심해"라고 하면서 울고 싶은 표정으로 두 손으로 이마를 짚었죠. 그 후 이 동영상을 패러디한 이모티콘이 유행했어요. 또한 '어려울 난难' 대신에 발음이 같은 '남쪽 남南'으로 바꿔 간접적으로

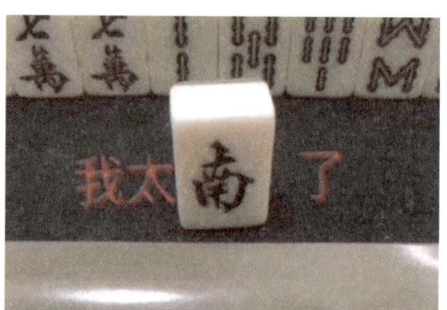

나 너무 힘들어(我太难(南)了)

힘듦을 표현하기도 했어요. 특히 마작의 '남풍패南' 사진으로 어려움을 표현하는 것이 유행되었지요.

아오리게이 奥力给 àolì gěi

'아오리게이奥力给'는 '파이팅, 힘내자'라는 뜻이에요. 이 말은 '콰이서우快手'의 인기 BJ가 방송을 시작할 때 자신에게 힘내자고 외치기 시작하면서 유행했어요. 원래 파이팅이란 말 '쟈여우加油, jiāyóu' 대신 이 말을 써보는 것도 재미있겠네요.

닝멍징 柠檬精 níngméngjīng

'닝멍징柠檬精'은 레몬을 뜻하는 '닝멍柠檬'과 요정을 뜻하는

'징精'이 합쳐진 유행어예요. 그래서 레몬요정처럼 생긴 이모티콘도 유행했어요. 레몬을 먹으면 느끼는 시큼한 맛이 다른 사람을 질투할 때의 시큼한 느낌과 비슷하여 '질투'의 의미로 사용해요.

이 밖에도 어리바리하면서도 '귀여운 것'을 뜻하는 '한한 憨憨, hānhān', '꽃길을 걸어라'라는 말인 '저우화루 走花路, zǒu huālù', '어떠한 일이 힘들거나 귀찮음'을 뜻하는 '링런터우투 令人头秃, lìng réntóu tū', '사사건건 시비 거는 사람, 즉 프로 불편러'의 뜻인 '깡징 杠精, gàngjīng' 등 다양한 유행어가 있어요. 이제 중국인 친구들과 유행어로 대화하며 핵인싸가 되어 볼까요?

닝멍징(柠檬精) 이모티콘

중국을 알자　　22

중국 무술을
배우면
날 수 있나요?

설날 혹은 추석 때 텔레비전을 켜면 중국 무술 영화를 쉽게 볼 수 있습니다. 바람으로 상대방을 쓰러뜨리고 지붕 위를 빠르게 날아다니는 모습을 보면 한번쯤 따라해 보고 싶어지지요. 디즈니사에서 제작한 '쿵푸 팬더'라는 만화 영화도 중국 무술을 주제로 한 내용이에요. 뚱뚱하지만 귀여운 판다 캐릭터가 떠오르지요? 요즘은 컴퓨터 게임에서도 중국 무술을 자주 접할 수 있답니다. 그만큼 중국 무술은 우리

일상생활과 가까이 있어요.

중국 무술은 중국어로 '우슈'라고 하며, 현재 약 130개의 문파가 있습니다. 무술은 원시 사회에서는 종을 보존하기 위해서, 춘추시대에서 전국시대로 접어드는 시기에는 전쟁에서 살아남기 위해서 필요했어요. 현대 사회에서는 심신 단련과 호신술로 무술이 활용되지요. 몸을 움직이는 운동이니 당연히 다이어트도 되겠죠?

여러 가지 무술 중 태극권이 가장 대표적인 중국 무술이에요. 태극권이라는 말은 많이 들어 봤죠? 태극권은 공원, 광장 등 공간이 있는 곳이라면 흔히 볼 수 있는 중국 무술이에요. 중국에 가면 모르는 사람들끼리 모여 태극권을 하는 장면을 자주 볼 수 있어요. 무술이라고 하면 난이도가 높은 동작이 많을 것 같지만 태극권은 이미 생활 체육으로 자리를 잡을 정도로 어렵지 않답니다. 손에 기공을 모아 원을 그리며 천천히 하는 동작이 많아 평범한 사람도 충분히 배울 수 있지요.

태극권의 창시자가 누구냐에 대해서는 여러 설이 있으나, 진왕정 1600~1680이 만들었다는 게 정설입니다. 진왕정이

길거리에서 태극권을 하는 사람들

진식 태극권을 만든 이후 태극권에 여러 분파가 생겼지만, 그 기원은 모두 진식 태극권이에요. 오늘날 진식 태극권과 함께 유명한 양식 태극권도 진식에서 파생된 것이랍니다. 양식 태극권은 진식보다 동작이 쉽고 부드러워 대중적으로 널리 보급되었어요. 특히 '간화 태극권'으로도 불리는 양식 24식 태극권은 1956년 중국 정부가 일반 국민에게 태극권을 보급할 목적으로 만든 것으로, 전 세계에 널리 퍼져 있습니다.

소림사에서 무술을 연마하는 승려들

부드러운 태극권 이외에 화려하고 빠른 무술 권법은 무엇이 있을까요? 바로 소림사라는 절에 가면 이러한 무술을 볼 수 있어요. 소림사는 중국 허난성 쑹산에 있으며, 1천 5백 년 역사를 지닌 소림 무술이 창시된 곳이에요. 텔레비전에서도 소림 무술이라는 말이 자주 나오죠? 소림 무술은 인도 승려 보리달마 대사가 승려들의 심신을 단련시키기 위해 만들었다는 설이 있어요. 몸과 마음의 조화를 중요시 여기죠. 매 동작이 빠르고 공격적이며 기교가 대단합니다. 권술, 창술, 검술 등 1백여 종의 기법과 97개의 권법이 있답니다.

영화에 자주 등장하는 장풍은 '팔괘장'이라는 무술이예요. 청나라 말기 동해천이 만들었지요. 손바닥을 펴서 기공을 이용하는 무술로 여덟 가지의 장법으로 상대방을 제압할 수 있습니다.

1990년 베이징 아시안게임에서 무술우슈은 정식 종목으로 채택되었습니다. 장권, 봉술곤술, 태극권과 같은 무술 연기, 1:1 격투 등 다양한 종목이 있지요. 중국은 제18회 자카르타-팔렘방 아시안게임 무술 14개 종목에서 총 10개의 금메달을 획득했어요.

이제 무술은 우리에게 더 이상 먼 운동이 아닙니다. 우리나라에서도 무술을 가르치는 도장을 흔히 발견할 수 있으니까요. 영화처럼 무술로 날아다닐 수는 없지만, 우리 오늘 한번 장풍을 날려 볼까요?

손바닥을 펴서 기공을 이용하는 무술, 팔괘장

중국을 알자　　23

중국에서는
태극권이
생활 체육이라고?

중국 사람들은 아침마다 아는 사람 모르는 사람 할 것 없이 삼삼오오 모여 중국 권법인 태극권, 에어로빅 등 운동을 즐깁니다. 남녀노소 관계없이 운동을 할 수 있는 장소라면 몸을 움직이려고 노력하지요.

　이렇게 운동이 생활화되어 있는 중국 사람들은 어떤 운동을 특별히 좋아할까요? 2017년 '중국국가연구조사기구'에 따르면, 중국에서 가장 인기 있는 스포츠 종목으로 농구가 뽑혔다고 합니다. 2016년 TV시청률과 현장 관람을 합산한 농구 경기 시청률이 34.9%로 다른 종목에 비해 압도적으로 높았어요. 그 뒤로 축구를 본 시청률이 10.4%로 2위를 차지했고, 탁구는 7.1%로 3위, 체조는 6.8%로 4위, 배드민턴은 5.9%로 5위를 차지했어요.

이렇게 운동을 하거나 보는 것을 좋아하는 중국인들의 실력은 올림픽에서 그 결과가 나타납니다. 2016년 하계 브라질 리우올림픽에서 중국은 메달 합계 70개로 미국, 영국에 이어 3위를 차지했어요. 물론 출전한 선수가 압도적으로 많은 것도 이유였겠지만, 온 국민이 일상생활에서 운동을 즐긴다는 것이 가장 큰 원동력이었겠지요.

중국 국가 대표 배드민턴 팀은 세계적으로 실력이 월등합니다. 1982년 중국 국가 대표 배드민턴 팀은 토마스컵 대회에서 1등을 했어요. 그때부터 각종 세계 대회에서 수차례 1등을 했지요. 2012년 런던올림픽에서는 배드민턴 5종목 전체, 2016년 리우올림픽에서는 남자 단, 복식에서 금메달을 땄어요. 정말 실력이 대단하지요?

중국 국가 대표 탁구팀은 1952년에 만들어졌어요. 1959

2016년 리우 올림픽 배드민턴 남자 단식 금메달리스트 롱첸

탁구를 배우는 초등학생들

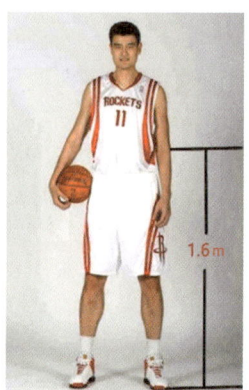

(前) 농구 선수 야오밍

년 세계 대회에서 1등을 한 뒤 약 40년 동안 124개 대회에서 1등을 했습니다. 심지어 탁구는 2012년 런던올림픽, 2016년 리우올림픽 2회 연속 전 종목에서 금메달을 땄어요. 이러한 중국의 저력은 평소 운동을 생활 속에서 가까이 하려는 중국 사람들의 습관에서 나온 것 같습니다.

 2012년, 2016년 올림픽에서 비록 메달은 획득하지 못했지만, 농구는 중국 사람의 사랑을 듬뿍 받고 있는 구기종목이에요. 유명한 농구 선수로는 야오밍이 있지요. 1980년에 출생한 야오밍은 미국 프로농구NBA에 진출한 선수입니다.

신장이 무려 2m 26cm로 '걸어 다니는 만리장성'이라고 불리지요. 야오밍은 2005년 2월 NBA 사무국이 발표한 올스타 투표 결과에서 1위2,558,278표를 차지했어요. 1997년 올스타 최다 득표 기록을 가진 마이클 조던2,451,136표을 제치고 동양인 최초로 올스타 득표 1위에 오른 선수랍니다. 중국 사람들은 그의 소속팀인 휴스턴 로켓츠를 중국 국가대표팀이라고 생각할 정도로 야오밍에 대한 관심은 높았어요.

그러나 야오밍은 발목과 무릎 등에 여러 차례 부상을 당해 안타깝게도 2011년에 은퇴했어요. 그의 경기 모습을 더 이상 볼 수 없다니 아쉽지만 런던 올림픽에서 농구 해설위원을 맡는 등 그의 농구에 대한 열정은 계속 느낄 수 있어요. 그리고 2017년부터는 중국농구협회의 회장을 맡아 계속해서 농구 관련 일을 하고 있답니다.

중국의 프로 축구단은 1994년에 생겼어요. 역사가 길지 않아 다른 종목에 비해 우수한 성적을 거두지 못하고 있지만 점점 축구광, 즉 '치우미'가 늘어나고 있습니다. 중국 슈퍼리그는 매년 3월에 시작하여 10월 또는 11월에 마치며, 총 16개 팀이 참여하고 있어요. 2019년에는 김신욱, 김민재 등 많은 한국인 선수가 중국 슈퍼리그에서 활동했고, 한국인 감독을 선임했던 구단도 여럿 있었어요. 중국 축구에도 한류 바람이 부는 것 같아요.

우리가 흔히 알고 있는 운동 이외에도 중국 사람만이 하는 전통 운동이 있어요. 심신을 단련하는 중국 무술 태극권이 그 하나요, 재미와 운동 효과 둘 다를 얻는 전통 놀이 기구 쿵주 돌리기가 그 둘입니다. 태극권과 배드민턴, 테니스가 결합된 '태극유력구'라는 현대 생활 운동도 있어요. 배드민턴 채와 비슷한 도구를 활용해 태극권과 유사한 동작으로 공을 던지고 받는 운동이랍니다.

태극유력구

중국을 알자　　　　　24

달에서
만리장성이
보일까요?

"만리장성은 달에서도 보일까요?" 아마도 만리장성이라는 이름에서 알 수 있듯이 만 리_{약 5,000km, 중국에서는 1리가 500m}가 넘는 긴 성벽이기 때문에 달에서 내려다봐도 보일 것 같은 마음이 이러한 질문을 만든 것 같아요. 만리장성 서쪽 끝은 깐수 성의 자위관_{嘉峪关}, 동쪽 끝은 허베이 성의 산하이관_{山海关}입니다. 그 길이가 얼마나 긴지 짐작이 되나요? 사실 달에서는 만리장성이 보이지 않아요. 달은 엄청 멀리 있잖아요.

만리장성

만리장성은 중국어로 창청长城이라고 합니다. 1987년 유네스코 세계문화유산에 등재되었지요. 중국 춘추시대B.C. 722~B.C. 481와 전국시대B.C. 453~A.D. 221에는 각 나라 간의 다툼과 갈등이 매우 심했어요. 성벽 건설은 이러한 전쟁과 갈등에서 시작되었지요.

기원전 220년 중국 전체를 통일한 진秦나라의 시황제는 북쪽의 흉노를 견제하기 위해 이들 성벽을 연결하고 증축합니다. 처음에 장성은 흙을 다지거나, 흙으로 만든 벽돌로 만들었어요. 사실, 진나라 때 만들어진 장성은 거의 파괴되었고 한汉나라 때 보수 작업을 하여 더 길게 만들었답니다. 한

나라 무제는 중국 서쪽의 둔황 지역부터 동쪽의 발해만^{보하}^{이 만}까지 약 6,000km에 해당하는 성벽을 더 지었어요. 흉노족의 침입을 막기 위해 성벽을 쌓고 지휘소와 봉화대도 설치했지요. 한나라 이후에도 북위, 수, 당, 요, 금, 명, 청나라 등에서 장성을 복원하고 더욱 길게 만들었어요. 즉 만리장성은 여러 나라 여러 사람의 손을 거쳐 만들어진 것입니다. 현재의 만리장성은 대부분 명나라 때 만들어진 것이고요. 명나라

만리장성

때 여러 황제가 계속해서 보수 작업을 했고, 정덕제 때 다시 대규모 공사를 진행했어요. 오랜 시간이 지난 뒤에도 장성이 남아 있는 까닭은 명나라 때 찹쌀과 탄산칼슘을 섞은 벽돌 접착제를 사용했기 때문이래요. 옛 사람들의 지혜는 정말 대단하지요? 시멘트가 없는데도 불구하고 시멘트보다 더 견고한 성벽을 만들었으니까요.

우리가 볼 수 있는 만리장성은 17세기에 완성된 것입니다. 만리장성의 총 길이는 약 6,350km이며, 2~3중으로 된 장성의 길이를 모두 합한 것이지요. 중국에서 1리는 약 0.5km이니까, 장성의 총 길이는 1만 리가 훨씬 넘는 16,000리 정도가 되네요. 만리장성이 아니라 2만리장성이라고 불러도 되겠지요.

중국 전 국가 주석 마오쩌둥은 "만리장성에 오르지 않으면 사내대장부가 아니다不到长城非好汉."라는 말을 남겼습니다. 만리장성은 산에 지어진 성벽이므로 경사도가 급하고 오르는 것이 등산하는 것처럼 쉽지 않아요. 하지만 걱정 마세요. 관광을 할 수 있는 베이징 근처의 빠다링八达岭 장성은 힘들지 않게 오를 수 있으니까요.

중국을 알자　　　　25

칭기즈 칸이
말 달리던
네이멍구도 중국 땅?

몽골이라는 지명 들어보셨죠? 러시아와 중국 사이에 있는 나라입니다. 몽골을 알고 있다면 네이멍구내몽골도 쉽게 이해할 수 있어요. 왜냐하면 몽골은 원래 네이멍구와 한 나라였기 때문이지요.

　네이멍구자치구는 중국 소수 민족 자치구로, 줄여서 네이멍구라고 부르기도 합니다. 나라는 아니고 중국에 속해 있는 한 지역이지요. 대표 도시는 몽골어로 '푸른색의 도시'라는

마을 축제

모래로 만든 조각상

뜻의 '후허하오터'이고요. 후허하오터는 넓은 초원을 기반으로 한 목축업이 발달한 곳입니다. 넓은 초원이 펼쳐진 곳답게 푸른색의 도시라는 이름이 참 잘 어울려요. 중국 유업 우유나 유제품을 생산하거나 판매하는 사업의 양대 산맥인 인리 그룹과 멍뉴 그룹 본사도 이곳에 있어요.

네이멍구는 예전부터 여러 나라가 돌아가며 차지했어요. 전국시대에는 조趙나라와 연燕나라 등에 속했고, 한汉나라 때는 흉노족의 땅이었으며, 송宋나라 때는 서하西夏, 요辽, 금金이 이곳을 차지했답니다. 청清나라 때 네이멍구 지역으로 지정되었지요.

네이멍구와 현재의 몽골은 하나의 나라였고 지금처럼 나뉜 지가 얼마 되지 않아요. 몽골과 네이멍구는 중국에 속해 있다가 몽골은 러시아 10월 혁명에 영향을 받아 1921년 제2차 혁명을 일으켜 독립하였지요. 그리고 1924년 몽골인민공화국을 선포한 후 사회주의 국가가 됩니다.

네이멍구는 1945년 일본이 제2차 세계대전에서 패전하기 전까지 일본이 점령했어요. 이후 마오쩌둥은 네이멍구를 자치구로 인정할 것을 약속하지요. 1947년 5월 1일 네이멍구는 중국의 첫 번째 자치구가 됩니다. 몽골과 분리되어 네이멍구 자치구가 만들어진 거예요. 네이멍구자치구가 생긴 것이 몽골 사람들에게 좋은 결과인지는 모르겠네요.

현재 네이멍구 면적은 110여 만m^2로 중국 국토의 11.9%를 차지할 만큼 넓은 지역입니다. 중국이 왜 네이멍구를 놓치기 싫어했는지 알 것 같죠? 이 넓은 지역은 대부분 초원과 사막으로 이루어져 있어서 많은 관광객이 새로운 것을 경험하기 위해 찾는답니다. 평소에 볼 수 없는 사막과 낙타 타기, 초원에서 말타기와 별 보기 등 다양한 체험을 할 수 있으니까요.

네이멍구에는 대다수를 차지하는 한족을 비롯하여 몽골족, 다우얼 족 등 49개 민족이 살고 있어요. 소수 민족의 비중은 자치구 전체 인구의 약 20%이며, 몽골족은 약 400만 명이예요. 네이멍구라서 몽골족만 사는 줄 알았는데 그렇지는 않네요.

가장 유명한 역사적 인물은 칭기즈 칸1162~1227이예요. 그는 몽골 제국을 건설한 유명한 지도자였습니다. 뛰어난 군사 전략가였던 칭기즈 칸은 중앙아시아를 평정하는 한편, 서양을 정벌해 동서양에 걸친 대제국을 건설합니다.

몽골족은 유목민으로 양고기와 소고기를 먹으며, 분해와 조립이 간단한 천막 모양의 이동식 주택 게르에서 살아요. 양고기 꼬치구이는 생각만 해도 군침이 도네요.

몽골족의 이동식 주택 게르

중국을 알자　26

마지막 황제가 살았던 쯔진청,
지금은 누가 사나요?

쯔진청紫禁城, 자금성하면 바로 중국을 떠올릴 정도로 이곳은 우리에게 익숙한 곳입니다.

2018년 중국과 우리나라에서 큰 인기를 끌었던 '연희공략'이라는 중국 역사 드라마를 본 적이 있나요? 1735년~1795년 동안 재위했던 청나라 건륭황제 시대를 배경으로 한 드라마인 만큼 드라마 곳곳에 화려하고 장엄한 자금성의 모습이 많이 소개되었습니다.

그리고 1987년 60회 아카데미 시상식에서 9개 부분을 수상한 베르나르도 베르톨루치 감독의 '마지막 황제'는 쯔진청에서 촬영한 최초의 영화로 19,000여 명의 엑스트라를 동원하여 찍은 명작이예요. 아직 이 영화를 보지 못했다면 꼭 보세요. 쯔진청의 황금색 지붕이 화면을 압도하며 우리가 방송에서 흔하게 듣던 노래도 자주 들을 수 있으니까요. 영화 제목에서 알 수 있듯이 쯔진청은 황제가 살던 곳이지만 마지막 황제 '푸이'를 끝으로 쯔진청은 주인 없는 곳이 됩니다. 72*ha*에 달하는 어마어마한 크기의 쯔진청에는 현재 아무도 살고 있지 않아요.

쯔진청은 명나라를 건국한 주원장의 아들 주체가 지은 황궁입니다. 그는 황위 찬탈을 위해 반란을 일으켜 황위에 오른 후 연호를 영락이라고 칭했어요. 황제가 되기 위해 반란을 일으키는 일은 우리나라 역사뿐만 아니라 중국에서도 자주 일어났지요. 그는 북방 몽골족의 침입을 막고 자신의 권력을 다지기 위해 영락 4년에 수도를 지금의 베이징으로 천도한 후 약 13년에 걸쳐 쯔진청을 완성합니다.

쯔진청은 명·청 시대 수도의 중심으로서 백성들은 출입할

쯔진청

수 없었으며, 황제, 황후, 고위 관리, 궁녀, 내시, 외국 사절단 정도만 거주할 수 있었답니다.

쯔진청이란 '자주색의 금지된 성'이라는 뜻이에요. 쯔진청이란 이름은 중국 천문학에서 우주의 중심으로 여겼던 북극성과 관련이 있지요. 천문학자들은 우주의 중심인 북극성을 진한 자주색으로 생각했어요. 당연히 하늘의 아들인 천자황제가 머무는 궁궐의 색을 자주색으로 칠해야 했지요. 쯔진청의 담장은 붉은빛이 감도는 자주색으로 칠해져 있고, 지붕은 온통 황색이에요. 지붕의 황색은 오행과 관련이 있는데, 오행에서 천하의 중앙은 토土, 흙 토이며 황색입니다. 천자는 천하의 중앙에 서 있다는 생각에서 비롯된 것이랍니다.

쯔진청은 1406년부터 건설하기 시작하여 총 15년간 100

만 명의 인원이 동원되었다네요. 남쪽에서 북쪽으로 이어지는 긴 축을 중심으로 건축된 쯔진청의 남쪽 문이 그 유명한 톈안먼天安门, 천안문이에요. 톈안먼은 텔레비전 뉴스에서 자주 등장하는 곳이라 여러분에게도 익숙하지요? 쯔진청의 건축물들은 남쪽 양기의 혜택을 받으며 찬바람, 악신, 호전적인 북쪽 이민족으로부터 보호하기 위해 남향으로 지어졌어요. 황제가 정무를 처리하는 장소는 궁 앞쪽에 배치하고, 주거 장소는 궁 뒤쪽에 배치했지요. 쯔진청 앞쪽에 속하는 주요 건물로는 태화전을 들 수 있어요. 태화전은 황제가 중대한 의례 때 조정 대신을 만나 성대한 의식을 행하는 장소로 큰 전당과 넓은 정원이 있답니다. 중국 드라마에서 황제와 신하들이 정

톈안먼

사를 돌보는 장면에서 자주 보던 곳이에요. 쯔진청 뒤쪽은 황제와 황후, 빈과 상궁들이 사용하던 건청궁, 교태전, 곤녕궁으로 이루어져 있어요. 중심 건물은 건청궁이며 황제의 침실이자 휴식 공간이지요. 이곳은 옹정 황제 이후부터 황제의 서재, 고위 관리와 만나는 장소로 이용되었어요. 별도로 만나고 싶은 신하를 이곳으로 부른 것이지요. 건청궁 뒤쪽에 있는 교태전은 명나라 초기에 황후가 살던 곳이에요. 건륭 황제 때는 황제의 직무실로 사용했고, 이후에는 나라의 옥새를 보관하는 장소로 사용했답니다. 교태전 뒤쪽에는 황후가 사용하는 곤녕궁이 있어요. 쯔진청 북쪽에는 어화원이란 큰 정원이 있는데요, 황제와 황후가 여가를 즐기기 위해 만든 정원이에요. 대자연의 다양한 경치를 축소해서 만들어 놓은 곳이지요. 황제와 황후는 인생의 대부분을 쯔진청 안에서 보냈어요. 어화원 같은 휴식 공간이 없었다면 얼마나 답답했을까요.

쯔진청은 총 넓이가 약 72*ha*로 800여 개의 건물과 8,880개의 방, 10m의 높은 성벽, 50m 너비의 거대한 해자*적의 침입을 방어하기 위해 성 밖을 둘러 파서 만든 못*로 구성되어 있습니다. 방의 개수가 9,999개라고 설명하는 자료도 있지만 맞지 않아요. 쯔진청 바닥은 밟을 때 경쾌한 소리가 나는 특별한 벽돌이 깔려 있지요. 40여 장의 벽돌을 겹쳐서 쌓아 땅 밑에서 올라오는 침입자를 막았다네요. 침입자를 막기 위해 성 안에는 후원을 제외하고 나무도 전혀 심지 않았어요. 이 모든 것은 쯔진청에 살고 있는 황제를 보호하기 위한 조치였습니다. 명·청대에 걸친 500여 년간 쯔진청에서는 24명의 황제가 살았어요. 가장 단명했던 황제는 즉위 29일 만에 사망한 명 광종 태창제이고, 가장 오래 재위한 황제는 청 고종 건륭제로 60년 동안이나 황제로 살았답니다.

　신해혁명 1911년(신해년), 쑨원을 중심으로 청나라를 무너뜨리고 중화민국을 세운 혁명이 일어난 다음 해인 1912년에 중국의 마지막 황제인 푸이가 퇴위했어요. 푸이를 마지막으로 쯔진청은 주인 없는 성이 되지요. 쯔진청은 현재 박물관으로 사용하고 있고 많은 진기한 물품들을 전시하고 있어요. 유네스코 세계문화유산인 쯔진청은 고궁박물원으로 불리며 중국 사람과 외국인 관광객 모두가 찾는 세계적인 명소입니다. 화려했던 쯔진청의 모습은 역사의 뒤안길로 사라졌지만 그들이 남기고 간 흔적은 우리 마음을 아름다움으로 뒤흔드네요.

중국을 알자　27

진시황제, 불로초 말고 수은 먹었다고?

불로초라는 말을 들어 본 적이 있나요? 시황제B.C. 259~B.C. 210는 죽는 것이 두려워 평생 불로초라는 약을 찾았습니다. 하지만 찾지 못했지요. 불로초를 찾지 못한 시황제는 자신의 무덤을 지키는 호위병인 병마용을 만들었어요. 죽어서도 자신의 권력을 나타내고, 외부의 침입으로부터 무덤을 지키기 위해서이지요.

시황제는 왕족 자초의 아들로 이름은 영정입니다. 아버지가

조趙나라의 인질로 잡혀 있었다고 하니 권력이 없는 왕족이었네요. 그런데 위衛나라 출신 상인인 여불위B.C. 292~B.C. 235의 도움으로 아버지가 진秦나라의 왕이 되었고, 3년 뒤 아버지가 죽자, 영정은 왕위에 오릅니다. 영정의 나이가 고작 13살이었을 때 일이지요. 초등학교 6학년 나이에 한 나라의 왕이 되다니 그의 인생도 평범하지 않네요.

영정은 나이도 어리고 다른 사람의 힘으로 왕이 되자 여불위의 눈치를 보며 지냅니다. 사실 자신의 엄마인 태후와 여불위는 서로 애인 관계였대요. 태후에게는 노애라는 또 한 명의 애인이 있었고요. 태후와 노애는 영정 몰래 아들을 둘이나 낳았고 노애는 자기 아들을 왕으로 만들기 위해 반란을 일으키지만 실패합니다. 영정은 노애를 죽이고 어머니를 유배 보냈어요. 여불위는 나라에서 추방되었고, 그 후 스스로 목숨을 끊었습니다. 진정한 힘을 가진 황제가 되기까지 영정은 험난한 인생을 살았어요. 어머니가 자신을 배신하고 그로 인해 여러 사람을 죽였으니까요. 어떤 학자는 시황제가 사람을 많이 죽여서 그토록 큰 무덤을 만들었다고 합니다.

영정은 스스로를 대단히 여겨 왕이라는 칭호보다 더 좋은

시황제

것으로 불리고 싶었습니다. 그래서 만들어진 칭호가 황제이지요. 그는 '삼황오제_{중국 고대 전설에 나오는 삼황과 오제를 이르는 말로, 이들로부터 중국 역사가 시작되었다는 설화 속의 인물. 삼황은 복희씨, 신농씨, 여와씨로 신을 말하며, 오제는 황제헌원, 전욱고양, 제곡고신, 제요방훈, 제순중화 대왕을 의미한다}'에서 '황皇, 임금 황'과 '제帝, 임금 제' 자를 딴 후, 중국 최초의 황제이므로 '시始, 처음 시'를 붙여서 시황제라고 스스로를 불렀어요. 시황제는 기원전 230년에 한韓 나라를 멸망시킨 뒤 10년 동안 위魏·초楚·연燕·조趙·제齊 나라를 차례로 멸망시키고 중국 대륙을 통일합니다. 스스로를 황제라고 부를 만큼 대단한 업적이지요.

시황제는 황제라는 권력을 이용해 만리장성, 아방궁, 자신의 무덤을 미리 만들었어요. 아방궁은 시황제가 살던 화려한 궁전인데 아쉽게도 화재로 소실되었다고 하네요. 시황제의 무덤은 중국 산시성陝西省의 고도 시안西安 동북쪽에 있어요. 현재 발견된 것은 시황제의 무덤과 무덤을 지키는 3곳의 병마용갱이지요. 일을 하던 농부가 1932년 무덤 주변에서 무릎을 꿇고 있는 병사 인형을 우연히 발견했답니다. 이후 4개의 인형이 추가로 발견된 뒤 특별한 발견이 없다가 1973년 우물을 파던 농부가 우연히 병사 인형의 머리를 발견한 것을 시작으로 수많은 유물이 주변에서 발굴됩니다. 최초 발견자인 농부 양신만은 그 공을 인정받아 시황제릉 명예 박물관장으로 지금까지 활동 중이고요. 병마용이 그에게 평생직장을 준 셈이네요.

병마용

처음 발굴된 제1호 병마용갱은 시황제릉에서 약 1.5km 떨어진 곳에 있어요. 무덤의 규모가 얼마나 큰지 가늠이 되지요? 시황제릉 제1호 병마용갱은 길이가 230m, 폭이 62m에 달하는 직사각형 모양으로, 약 6,000여 점의 유물이 발견되었어요. 약 2200년 동안 땅속 깊이 묻혀 있던 보물들은 40대의 전차와 무덤을 지키는 병마 인형이었지요. 병마 인형은 흙으로 만들어져 있으며 사람의 실물 크기와 흡사합니다. 각각의 얼굴 표정이 다르고, 직위에 따라 옷과 머리 모양, 자세가 모두 달라요. 진짜 사람의 모습과 너무 흡사하여 실제 사람을 묻은 것은 아닌지 착각이 들 정도랍니다.

제2호 병마용갱은 제1호 갱에 비해 면적이 좁습니다. 장군, 병사, 마차를 끄는 기병, 말의 뼈가 발굴되었지요. 실제 말을 묻었다니 말이 불쌍하네요. 제3호 갱에서는 1, 2호 갱과 다르게 넓은 도로가 발견되었어요. 이곳에서 청동 마차가 발굴되었으니 도로는 마차가 지나가기 위한 길이었겠지요. 앞으로 더 많은 유물이 발굴될 수 있어요.

원래 병마용은 빨간색, 초록색 등으로 채색되어 있었습니다. 시간이 흐른 뒤 색은 산화되어 날아가고 황토만 남았지요. 중국 정부는 산화 문제가 해결될 때까지 더 이상의 발굴을 하지 않고 있어요. 나중에 이 문제가 해결된다면 땅속 깊이 잠자고 있는 수많은 병마용들을 화려한 색감으로 볼 수 있겠지요. 하루 빨리 병마용이 모두 발굴되어 그 위상을 느껴 보고 싶네요.

시황제는 평생 불로초를 찾을 만큼 죽는 것을 두려워했습니다. 독성이 강한 수은을 먹으면 죽지 않을 것이라고 생각하여 약으로 복용했다고 하네요. 그때는 수은의 해로운 점이 발견되지 않아 먹었겠지만 오히려 수은 때문에 일찍 죽었을지도 몰라요. 전한 시대 역사가 사마천이 쓴 『사기』에는 시황제릉이 '수은이 흐르는 수백 개의 강이 큰 바다를 이루고 있다'고 되어 있어요.

시황제는 영원히 죽지 않겠다는 생각에서 시황제릉과 병마용을 만들었고, 이 유적지는 현재 유네스코 세계문화유산으로 보호받고 있습니다. 이렇게 병마용은 그가 죽은 뒤 천 년이 훌쩍 넘은 시간까지 같은 자리에서 시황제를 지키고 있어요. 영원불멸하고 싶었던 시황제, 그가 남긴 유적들만 죽지 않고 후세에 남아 값진 유산이 되었네요.

중국을 알자　28

'마음에 점 찍는 점심'이 바로 딤섬

딤섬은 중국에서 일반적으로 식전에 간단히 허기를 채우는, 만두나 떡과 비슷하게 생긴 음식을 말합니다. 한자로는 '点心 점 점, 마음 심'이라고 쓰며 '마음에 점을 찍다.' 정도로 해석할 수 있어요. 음식 이름이 참 낭만적이지요?

　点心의 중국 표준어 발음은 '디앤신'입니다. 조금은 생소한 발음일 겁니다. 그렇다면 우리가 알고 있는 딤섬이라는 발음은 무엇일까요? 중국은 땅이 넓어 같은 단어라도 지역에 따라 발음이 다른데 点心의 중국 남방 발음이 바로 딤섬입니다.

전해지는 바에 따르면 디앤신이라는 명칭은, 동진317~420 때 한 장군이 전쟁에서 밤낮없이 적들과 싸우며 공을 세우고 있는 병사들에게 자신의 마음을 전달하기点点心意 디앤디앤신이, 자그마한 마음의 성의 위해, 당시 전쟁이 치러지고 있던 지역의 민가에 부탁하여 그 지역의 음식을 전달해 그들의 공을 격려했다는 고사에서 유래합니다.

우리는 딤섬이라고 하면 예쁜 모양의 만두를 떠올리지만, 실제로 중국의 딤섬은 그 종류와 재료가 굉장히 다양해요. 딤섬의 종류는 모양과 재료에 따라 바오둥근 만두, 자오삼각 만두, 가오떡, 투안경단, 쥐안말이, 빙부침개. 호떡, 쑤과자. 파이, 티아오국수, 판밥, 저우죽, 둥젤리 등으로 구분할 수 있습니다. 이런 까닭으로 중국의 딤섬 전문점에 가면 메뉴판이 굉장히 두툼하여, 음식을 먹기 전에 어떤 것을 먹어야 할지 결정하기가 어려울 지경이예요. 더 많은 종류의 딤섬을 먹어 보기 위해서는 혼자 가는 것보다 여럿이 함께 가는 게 좋겠지요?

갑자기 입에 침이 고인다고요? 지금이라도 당장 중국으로

여러 종류의 딤섬

날아가 여러 종류의 딤섬을 먹고 싶지만 비행기 값이 없어서 안타깝나요? 요즘에는 한국에도 중국 딤섬 전문점이 많이 들어와 있어요. 유동 인구가 많은 명동이나 강남에 가면 쉽게 찾을 수 있지요. 우리나라 사람들이 좋아하는 딤섬은 바로 샤오룽바오입니다. 중국 상하이上海, 우시无锡, 창저우常州, 수저우苏州, 항저우杭州 등 강남 지역에서 유명한 음식인데, '작은샤오 대나무 통룽'에 쪄 낸 '만두바오'라서 '샤오룽바오'라고 부르지요. 다진 고기 속에 풍부한 육즙이 들어 있는 샤오룽빠오, 생각만 해도 군침이 도네요. 일반적으로 생강채와 간장 소스를 곁들여 먹어요. 그럼 대체 우리나라 고기만두와 뭐가 다르냐구요? 궁금하다면 직접 먹어 보고 그 차이를 느껴보는 게 정답이겠지요?

    이번 주말, 시간을 내서 친구들과 함께 딤섬을 먹으러 가는 것은 어떨까요?

중국을 알자　　　　29

벌레 꼬치,
어디까지
먹어 봤니?

대한민국 국토 면적의 100배^{한반도 면적의 44배}, 세계 4위라는 넓은 국토를 자랑하는 중국. 땅 넓이와 많은 인구만큼 다양한 먹거리를 자랑하는 중국은 어디를 가나 '먹자골목'이 형성되어 있습니다. 다양한 먹거리와 잡화를 파는 야시장, 먹자골목은 밤이 되면 사람들이 몰려 불야성을 이루지요. 중국의 야시장은 북송 시대 수도였던 카이펑^{开封, 개봉}에서 시작되었다고 합니다. 중국의 카이펑, 난징, 시안, 홍콩의 야시장

중국 각 지역 유명 먹거리

天津狗不理包子
(톈진 꺼우부리 빠오즈)

四川担担面
(쓰촨 딴딴미앤)

西安羊肉泡馍
(시안 양뤄파오뭐)

陕西凉皮
(산시 량피)

兰州拉面
(란저우 라미앤)

과 더불어 현재 중국의 수도인 베이징의 왕푸징 야시장은 매일매일 국내외에서 모인 관광객들로 북적거립니다.

왕푸징 야시장에서는 어떤 먹거리들을 팔까요? 왕푸징 야시장에서는 주로 중국 지역을 대표하는 유명 간식과 온갖 꼬치 요리를 팔고 있습니다. 앞의 사진은 왕푸징 먹자골목에서 팔고 있는 각 지역의 유명한 먹거리들이고요. 음식 이름 맨 앞에 있는 단어가 지역 이름입니다. 우리나라에서 '천안 호두과자', '전주 비빔밥'이라고 이름을 붙이는 것과 같은 원리이지요. 중국은 땅이 넓은 만큼 우리가 먹어 볼 만한 음식도 많은데요, 중국에 놀러갈 때 몇몇 음식 이름을 미리 알고 가 즐겨보는 것도 좋겠습니다.

중국 야시장 먹자골목의 명물은 뭐니 뭐니 해도 벌레 꼬치

야시장의 다양한 꼬치

입니다. 과일 꼬치, 닭 꼬치, 양고기 꼬치, 해산물 철판구이 꼬치 등 우리나라에서 흔히 볼 수 있는 것들도 있지만, 역시 벌레 꼬치가 시선을 끌지요. 전갈, 불가사리, 가재, 거미, 뱀, 번데기, 지네, 물방개, 메뚜기 꼬치 같은 것들이 있습니다.

이런 것들을 먹고 사는 중국인들이 야만스럽다고요? 여러분, 오해하지 마세요. 벌레 꼬치는 중국 사람이 즐겨 먹는 음식이 아니라, 관광객들에게 볼거리를 제공하기 위한 일종의 관광 상품이랍니다.

한때, 한국 청소년들 사이에서 중국 사람은 온갖 것을 다 먹는다는 이상한 괴담이 퍼진 적이 있었지요. 하지만 중국 사람도 우리와 마찬가지로 맛있고 정상적인 식품을 선호한답니다.

중국을 알자　　　　　30

중국인도
밥을 먹을까?

우리나라 사람은 매끼마다 밥을 먹지 않으면 제대로 식사를 한 것 같지 않다고 생각합니다. 그럼 우리와 가까운 이웃인 중국 사람도 매끼 밥을 먹을까요? 땅이 넓은 중국의 식문화와 요리의 특징을 한마디로 정의 내리기는 어렵습니다. 중국에는 식습관과 요리에 관한 표현이 여럿 있어요. 그중 "남쪽은 달고, 북쪽은 짜고, 동쪽은 맵고, 서쪽은 시다."와 "북방 사람은 면을 먹고, 남방 사람은 쌀을 먹는다."가 대표적이지요. 첫째는 중국 각 지역의 맛의 특징을, 둘째는 북방과 남방 사람이 선호하는 음식을 나타낸 문장입니다. 특히 둘째 문장에서는 남북 간 기후 차이 때문에 재배되는 주식 작물이 차이가 난다는 것을 알 수 있어요. 실제로 중국의 북방은 한랭 건조하여 밀이 많이 생산되고, 남방은 온난 습윤하여 벼가 많이 생산되지요.

중국의 메뉴판은 식당마다 차이가 있지만 대체적으로 '요리', '탕', '주식', '디저트' 등으로 구성되어 있습니다. 중국 사람은 식사를 할 때 요리류와 탕류에 제시

중국 식당의 메뉴판

된 음식들 중에서 몇 개를 골라 주문한 후, 주식을 선택하지요. 소수의 인원이 갔을 때는 본인이 좋아하는 개별 음식을 시키지만, 여러 명이 가서 주문을 할 경우에는 냉채류인 '량차이'와 따뜻한 음식인 '러차이', 국 종류인 '탕'에서 골고루 골라 여러 개를 시키는 것이 일반적입니다. 주문한 음식이 한꺼번에 모두 올라오는 한국과는 달리, 중국에

다양한 중국요리

| 밥 | 탕 |
| 국수 | 만두 |

서는 ① 량차이 ⇨ ② 러차이 ⇨ ③ 주식 ⇨ ④ 탕의 순서로 상에 올라와요.

  요리와 곁들여 먹는 주식은 밥과 면으로 국한되어 있지 않습니다. 중국의 주식은 밥류와 분식류로 나눌 수 있고, 밥을 대체할 수 있는 분식의 종류가 '국수류_{미앤, 차오미앤, 미펀}', '만두류_{만터우, 쟈오즈}', '부침개류_빙' 등 다양하지요. 우리나라에도 부침개와 면이 있으니 한국과 중국 두 나라의 주식 문화가 크게 다르지 않다고 느낄 수도 있어요. 단지, 우리는 부침개와 만두를 각각의 요리로 인식하고 밥을 대신한다고는 생각하지 않는다는 차이가 있지만요.

  우리나라에서는 엄마가 "밥 먹어라."라고 말하면 정말로 '밥'을 먹으라는 의미가 강하지만, 중국에서는 밥이 '쌀밥'이 아닌 다양한 '식사'를 의미한다는 점을 기억해 두세요.

중국을 알자　31

외국인이 좋아하는 8대 중국요리는?

땅도 넓고, 사람도 많고, 먹을 것도 많은 중국! 오늘날 전 세계인으로부터 사랑을 받고 있는 중국요리는, 수천 년 동안 중국 내에서 각 민족이 지역을 이동하며 생활하는 가운데 각지의 조리법이 섞여 탄생하게 되었습니다.

'백성은 먹는 것을 근본으로 여긴다.民以食为天'라는 중국 속담에서 알 수 있듯이, 중국 사람은 예로부터 음식을 사람에게 가장 중요한 필수품이라 여겼어요. 수천 년에 걸쳐 '색',

'향', '맛', '뜻', '형'을 중시하는 자국의 고유한 요리 문화를 만들었지요.

'남쪽은 달고, 북쪽은 짜고, 동쪽은 맵고, 서쪽은 시다.'로 표현되는 중국요리에 대해 알아볼까요?

중국은 선진先秦 시기에 이미 오늘날 '4대 요리'로 분류되는 지역 요리가 형성되기 시작했습니다. 즉, 지역 색채가 강한 북방의 '루차이鲁菜', 풍부한 어류와 쌀을 주재료로 하는 남방의 '쑤차이苏菜', 많은 백성이 이주해 와 촉蜀나라의 음식 풍속과 조화를 이루며 발달한 중국 서쪽의 '촨차이川菜', 온화한 기후의 주장 강 삼각지에서 나는 풍부한 물산으로 인해 다양한 식재료를 기반으로 발달한 '위에차이粤菜'가 그것이지요.

여기에 '민차이闽菜', '저차이浙菜', '샹차이湘菜', '후이차이徽菜'를 덧붙여 중국 8대 요리라고 부릅니다. 중국어로 '차이菜'는 요리를 의미하고, 차이 앞에 붙은 글자는 해당 지역을 의미해요. 여러분의 이해를 돕기 위해 8대 요리 앞에 붙은 글자가 의미하는 지역을 표로 정리해 보겠습니다.

중국 8대 요리 지도

鲁 루 Lǔ	산둥성	苏 쑤 Sū	장쑤성
川 촨 Chuān	쓰촨성	浙 저 Zhè	저장성
粤 위에 Yuè	광둥성	湘 샹 Xiāng	후난성
闽 민 Mǐn	푸젠성	徽 후이 Huī	안후이성

　위의 지도에서 해당 지역을 다 찾았나요? 그렇다면 중국을 대표하는 4대 요리에 대해서 알아봅시다.

루차이 魯菜

중국 산둥성의 제남 지역을 중심으로 형성된 루차이는 역사가 깊습니다. 음식 재료를 고르는 데 엄격하고, 조리법이 다양하며, 재료의 신선한 향과 바삭하고 부드러운 식감 및 담백한 맛을 특징으로 하지요. 대표적인 루차이는 '탕추리위', '지우주안따창' '탕빠오솽추이', '나이탕푸차이'가 있어요.

糖醋鯉魚(탕추리위)

九转大肠(지우주안따창)

汤爆双脆(탕빠오솽추이)

奶汤蒲菜(나이탕푸차이)

쑤차이 苏菜

'장쑤차이'라고도 불리우는 쑤차이는 지리적으로 '저장성'과 가깝기 때문에 '저차이'와 유사한 점이 많습니다. 2000년 전 '장쑤성'에 살았던 오吳 나라 사람들은 물고기 조리에 능했다고 하네요. 1000년 전에는 '오리'가 이 지역을 대표하는 음식이 되었다고 하고요. 그래서 쑤차이는 어류와 오리 요리가 유명합니다. 식재료의 고유한 맛을 유지하며 장시간 익히는 탕 요리가 많은데 깊고 담백한 맛이지요. 대표적인 쑤차이는 '이앤수이야', '스즈터우', '따주깐쓰', '펑청위완'이 있어요.

盐水鸭 (이앤수이야)

狮子头 (스즈터우)

大煮干丝 (따주깐쓰)

彭城鱼丸 (펑청위완)

촨차이 川菜

'쓰촨사천요리'로 우리에게 익숙한 촨차이는 중국 대륙의 가운데 위치한 쓰촨성 지역의 요리입니다. 동서남북 요리의 특징과 장점을 모두 수용해 촨차이의 고유한 맛으로 탈바꿈시켜 그 명성을 얻게 되었지요. 다양한 식재료를 사용하는 촨차이는 혀가 얼얼한 '마라'라는 맛이 특징입니다. 루차이와 쑤차이와는 달리 자극적이고 맛이 강해요. 그런 까닭에 한국 사람들에게도 인기가 많지요. 대표적인 촨차이는 '지앙쭈티', '위샹러우쓰', '꽁바오지띵', '마포떠우푸'가 있

酱猪蹄 (지앙쭈티)

鱼香肉丝 (위샹러우쓰)

宫保鸡丁 (꽁바오지띵)

麻婆豆腐 (마포떠우푸)

습니다.

위에차이 粤菜

광둥성을 중심으로 형성된 위에차이는 그 역사가 깊습니다. 광둥성은 아열대 기후에 속하고, 바닷가에 위치하고 있으며, 4계절 모두 맑은 날이 많아 음식 재료가 풍부해요. 일찍이 서한西汉 시대 『회남자』라는 서적에는 '광저우 지방에는 식재료가 풍부하여 재료에 따른 서로 다른 조리법으로 요리를 했다.'라는 기록도 있어요. 당나라 시인 한유가 '광둥성 챠오쪼우 사람들은 뱀, 개구리, 장어, 새우와 같은 기이한 것을 먹는다.'고 기록한 것도 전해 내려옵니다. 이를 통해 얼마나 식재료가 다양한지 추측해 볼 수 있지요. 명나라와 청나라 때, 광둥성의 성도성의 정치 문화 따위의 중심 도시. 중국 장쑤성의 난징과 같은 도시를 이른다인 광저우가 상업 도시로 명성을 얻으면서 위에차이는 서양에까지 유명해집니다. 대표적인 위에차이는 '바이조우샤', '라오휘징탕', '카오루주', '광저우원창지'가 있어요.

마지막으로 여러분의 즐거운 미식 여행을 위해 중국 최대

白灼虾(바이조우샤)

老火靓汤(라오훠징탕)

烤乳猪(카오루주)

广州文昌鸡(광저우원창지)

포털사이트 '바이두'에서 소개한 외국인이 가장 좋아하는 8대 중국요리를 소개합니다. 중국 여행을 가기 전에 꼭 참고하세요.

외국인이 좋아하는 8대 중국요리

炒河粉 (차오허펀)

炒饭 (차오판)

糖醋里脊 (탕추리지)

饺子 (지아오즈)

宫保鸡丁 (꿍바오지딩)

春卷 (춘쥐엔)

麻婆豆腐 (마포떠우푸)

炒面 (차오미앤)

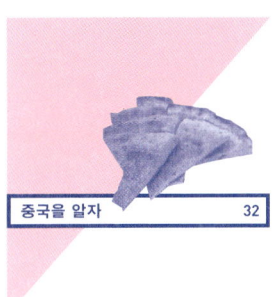

중국을 알자 32

자장면, 짬뽕, 탕수육 매일 이렇게 먹어요?

중국 사람들도 자장면과 탕수육을 좋아할까요? 꼭 그렇지는 않아요. 널리 알려진 대로, 우리에게 친숙한 중국 음식은 모두 한국화된 것이며 정통 중국요리와는 거리가 있으니까요. 그렇다면 중국 사람들은 어떤 음식을 즐겨 먹고 평소에는 식사를 어떻게 할까요?

우리나라에서 회사가 밀집되어 있는 곳의 아침 풍경을 보면 심심치 않게 토스트나 김밥을 파는 노점을 발견할 수 있습니다. 중국도 우리와 다르지 않아요. 여러 곳에서 쉽고 간단한 아침 식사를 파는 노점을 찾을 수 있지요. 일반 식당에서도 오전 시간에 아침 식사로만 먹을 수 있는 음식을 판매합니다. 많은 인구만큼 중국인들의 아침 식사 메뉴도 종류가 다양해요. 중국 사람이 애용하는 아침 식사는, 츄러스와 비슷하게 생겼지만 맛은 전혀 다른 중국식 꽈배기 '여우티아오', 담백한 중국식 두유 '떠우쟝', 만두 '빠오즈', 찻잎 우린 물에 삶은 달걀 '차딴', 죽 '저우', 밀가루와 달걀로 얇은 전병을 만들고 그 안에 각종 야채를 넣어 만든 '지앤빙' 등이 있습니다. 이 밖에도 중국 각 지역에 다양한 아침 식사가 존재하지요.

점심과 저녁 식사는 어떠할까요? 매 끼니마다 한국 사람의 밥상에 올라오는 김치 같은 밑반찬이 중국에도 있을까요? 중국 사람의 일상 밥상에도 주식과 반찬이 올라옵니다. 우리나라의 주식은 주로 밥이지만, 중국은 남방과 북방에 따라 주식의 종류가 다르고요. 중국에도 김치처럼 야채를 소금에 절여 장기 보존하는 방식의 밑반찬이 있는데요, '시앤차이'라고 하지요. 배추, 무, 기타 야채들을 소금에 절여 만든

시홍스차오지딴(토마토계란볶음)

김치 혹은 장아찌 정도로 생각하면 됩니다. 다만 우리나라의 김치처럼 매 끼니마다 상에 오르지는 않아요.

중국에서는 집집마다 차이가 있지만 대체적으로 식사를 하는 사람 수만큼 요리가 올라옵니다. 중국요리의 조리법은 다양한데, 일반적으로 중국 사람들은 프라이팬에 기름을 두르고 짧은 시간에 재료를 볶아 내는 요리를 선호합니다.

중국의 대표적인 가정 요리에는 어떤 것들이 있을까요? 14억 인구가 광활한 땅에 사는 중국에서, 중국 사람이 일반적으로 먹는 가정 요리들을 선별하는 것은 결코 쉬운 일이 아니예요. 그래서 요즘 한국에 있는 중국식 레스토랑에서 흔히 볼 수 있고, 한국 사람의 입맛에도 꼭 맞아, 중국에 여행 가서 안심하고 먹을 수 있는 음식 위주로 소개해 보려고 합니다.

'징장러우쓰'는 달달한 춘장에 볶은 돼지고기를 파와 함께 얇은 두부피에 싸서 먹는 요리입니다. '꽁바오지딩'은 닭고기와 땅콩을 매콤하게 볶은 요리로 '마포떠우푸'와 더불어 한국인에게 유명한 쓰촨요리이죠. '후이궈러우'와 '띠싼시앤'도 매콤짭짤한 것이 우리 입맛에 잘 맞는 요리입니다. '시홍스차오지딴'은 달콤한 맛이 매력적인 중국 음식으로 조리

地三鮮(띠싼시앤)

回锅肉(후이궈러우)

법이 간단해서 요리에 관심 있는 한국 사람들도 손쉽게 해 먹는 요리이고요. '위시앙러우쓰'와 '홍사오러우'는 약간 생소한 음식일 수 있습니다. 두 음식 모두 돼지고기를 재료로 만들지요. 음식 이름 앞의 '위시앙'과 '홍사오'는 중국 사람들이 즐겨 먹는 양념입니다. 위시앙이라는 양념에 고기 채를 넣고 볶으면 위시앙러우쓰가 되고, 가지를 넣고 볶으면 '위시앙치에즈'가 되는 식이죠. 마찬가지로 홍사오 양념에 돼지고기를 넣고 찌면 '홍사오러우'가 되고, 갈비를 넣고 찌면 '홍사오파이구'가 됩니다. 중요한 것은 이 두 양념이 우리나라 사람들 입맛에도 아주 안성맞춤이라는 겁니다.

중국에는 '家常便饭 지아창삐앤판' 혹은 '家常菜 지아창차이'이라는 표현이 있습니다. '집에서 편하게 먹는 보통 식사'라는 의미이지요. 중국 식당에 가면 이 단어를 쉽게 발견할 수 있어요. 그래서 일부러 한자를 크게 표기해 놓았으니 나중에 중국에 가서 이 문장을 꼭 찾아보세요. 우리나라 '가정식 백반' 정도의 의미니까요. 이 문장에는 또 하나의 뜻이 있습니다. 매일매일 반복적으로 올라오는 특별하지 않은 음식처럼 '일상에서 자주 일어나는 일', 즉, '일상다반사'라는 의미가 있지요.

중국을 알자　　33

중국에서도 생일 때 케이크에 촛불을 붙이나요?

우리는 모두 축복을 받으며 태어납니다. 우리나라에서는 아기가 태어나서 100일이 되면 그동안 무사히 자란 것을 대견하게 여기며 잔치를 벌입니다. 또한 태어난 지 1년 후 치르는 돌잔치를 시작으로 생일을 챙기게 되지요. 중국에는 어떤 생일 관련 풍속이 있을까요?

중국도 한국과 마찬가지로, 돌날 아이의 미래를 예측하는 작은 행사인 돌잡이로 아이의 생일을 축하합니다. 전통적으로 문방사우, 주판, 동전, 서적 같은 것을 준비하여 아이가 원하는 물건을 잡게 합니다. 돌잡이와 관련된 풍속은 중국의 위진남북조221~589, 한汉이 멸망한 다음 해부터 수隋가 통일하기 까지의 시대 시대 문헌 자료에서 발견되지요.

중국의 생일과 관련된 풍속으로 눈여겨볼 만한 것은 십이지 중, 본인의 띠를 맞이하는 해인 '번밍니앤'과 관련된 이야기입니다. 12년에 한 번씩 돌아오는 이 해를 중국에서는 불길하게 생각하고 이 해를 무사하게 보내면 인생의 또 하나의 난관을 넘어서는 것으로 여기지요. 번밍니앤을 무사히 넘기기 위해 중국 사람은 이 해 동안 액을 물리치기를 기원하면서 붉은색을 몸에 지닙니다. 그런 이유로 중국 사람은 본인의 번밍니앤이 오면 붉은색 속옷, 양말, 허리띠 등을 입고 두릅니다. 중국 사람의 손에 붉은색 팔찌가 걸려 있다면 그해가 바로 그 사람의 번밍니앤이라고 짐작할 수 있어요.

우리나라에서는 흔히 생일상을 떠올리면 생각나는 음식이 있습니다. 바로 케이크와 미역국이지요. 우리는 서양의 영향을 받아 생일에 케이크를 먹습니다. 중국도 남녀노소 불문하고 생일에 케이크를 사서 촛불을 불며 축하를 합니다. 그렇다면 우리나라의 미역국 같은 중국 전통 생일 축하 음식에는 어떤 것들이 있을까요?

중국에서는 생일을 맞는 사람의 연령에 따라 준비하는 음식이 다릅니다. 하지만 달걀과 국수는 나이에 상관없이 공통적으로 먹어요. 생일날 달걀을 먹는 이유는 달걀의 둥근 모양과 껍질을 벗겨 먹는 동작 때문입니다. 달걀의 둥근 모양에는 생일을 맞는 사람에게 앞으로 원만한 생활을 하게 된다는 의미가 담겨 있다네요. 또한 나쁜 기운이 모두 빠져 나가라는 의미로 먹기 전에 평평한 곳에서 달걀을 한 바퀴 굴리지요. 재미있나요? 이 밖에도 달걀을 먹기 위해 껍질을 벗기는 것이 '환골탈태', 즉 새롭게 태어난다는 의미를 가지기 때문에 중국 사람들은 생일 달걀을 먹습니다. 중국 고서인 『상서』에는 '인중이 긴 사람이 장수를 한다.'라고 적혀 있어요. 코와 입 사이에 있는 인중이 길면 결국 얼굴이 길어지게 돼죠. 그래서 얼굴과 국수의 뜻을 동시에 가지고 있는 '미앤面'이라는 한자의 해음谐音, 의미가 다른 단어의 음이 같거나 비슷한 경우 그것을 이용한 표현을 사용하는 것으로, 숫자 4를

붉은색 팔찌

붉은색 양말

붉은색 속옷

死(죽을 사)와 관련시켜 꺼리는 것이 그 예이다을 이용하여 생일날 국수창서우미앤를 먹는 풍습이 생겨났다고 합니다. 연세가 지긋한 어른의 생일엔 자식들이 부모의 장수를 기원하며 만두서우빠오를 만들고 복숭아 모양의 떡서우타오을 생일상에 올립니다. 중국에서는 복숭아가 장수를 의미하니까요. 중국에서 혼인과 출산을 관장하는 여신인 서왕모는 곤륜산에 거주하며 정원에서 복숭아를 재배합니다. 서왕모의 복숭아는 꽃 피는 데 1000년, 열매 맺는 데 1000년, 열매 익는 데 1000년이 걸리는데, 이 복숭아를 먹으면 불로장생한다고 하네요. 이 고사 덕분에 중국에서는 복숭아가 장수를 의미하게 되었답니다.

복숭아를 들고 있는 서왕모

중국을 알자　　　　　　34

중국의 10대 명차, 입맛대로 골라 볼까?

중국 사람은 예로부터 땔감, 쌀, 기름, 소금, 간장, 식초, 차를 생활필수품으로 생각해 왔습니다. 차가 7대 생활필수품 중 하나라고 하니 중국 사람의 차 사랑을 짐작할 수 있겠지요? 사실 차를 떼어 놓고 중국 사람의 일상생활을 이야기하는 것은 불가능합니다. 중국의 학교, 호텔, 관공서, 회사 심지어 기차 안에서도 우리나라 정수기보다 2~3배 정도 큰, 차를 우려 마실 뜨거운 물을 제공해 주는 설비를 볼 수 있으니까요.

차를 마시기 위해 줄 세워 놓은 보온병

학생 대부분이 기숙사 생활을 하는 중국 대학에서는 아침마다 학생들이 교내의 지정된 장소에서 뜨거운 물을 받기 위해 보온병을 줄 세워 놓고 있는 풍경이 일상적이랍니다.

차의 원산지가 중국이냐 인도이냐를 놓고 학자마다 의견이 분분합니다. 하지만 현재 세계적으로 통용되고 있는 차를 나타내는 영어 단어 'tea'가 차茶의 중국 푸젠성 방언인 'tey'에서 유래된 것만 봐도 중국 차의 역사가 오래되었음은 부정할 수 없습니다.

그렇다면 중국 사람은 언제부터 차를 마시기 시작했을까

요? 『산해경』 기록에 따르면 기원전 2700년경, '신농씨신농' 때부터라네요. 신농씨는 '염제'라고도 불리는 중국 전설상의 인물입니다. 일찍이 중국에는 '신농이 백 가지 풀을 맛보며 매일 72가지의 독을 발견했는데, 차로써 그것을 모두 해독했다.'는 전설이 있어요. 신농은 수정같이 투명한 배를 가지고 있어서 무엇을 먹든 사람들은 그의 위장 속을 들여다 볼 수 있었대요. 당시 사람들은 음식을 익혀 먹는 법을 몰랐기 때문에 고기, 생선 등을 날것으로 먹다 보니 자주 병에 걸릴 수밖에 없었죠. 신농은 사람들을 치료하기 위해 눈에 띄는

신농씨

식물을 모두 맛보았고, 이런 과정에서 우연히 차를 발견하게 되었다네요. 이렇듯 약용으로 마시던 차는 중국 남방을 중심으로 상류 사회의 기호품으로 이어지다가 당唐나라 이후 대중화되기 시작했지요. 당나라 중기에 육우가 차의 바이블인 『다경』을 저작하면서 중국의 차 문화는 급속도로 발달하게 됩니다. 이후 중국의 차 문화는 송나라, 명나라를 거쳐 발전과 변화를 거듭하며 한국, 일본 등 이웃 국가에 영향을 끼칩니다.

차를 즐겨 마시는 습관은 중국 사람의 건강에도 좋은 영향을 끼쳤습니다. 이미 알려진 것처럼 녹차, 홍차, 우롱차 등에 들어 있는 카테킨이라는 성분에는 항암 효과가 있어요.

건조한 기후 때문에 피부까지 건조해지기 쉬운 중국에서는 그에 대한 보완책으로 볶고 튀기는 조리법을 이용한 기름기 많은 음식을 먹게 되었다는데요, 이런 음식 문화는 혈관과 내장 기관에 문제를 일으킬 수 있어요. 이 문제를 해결하는 데 차가 큰 역할을 했다는 것은 굳이 설명하지 않아도 알 수 있겠죠?

중국에는 어떤 종류의 차가 있을까요? 중국 차는 발효 정도에 따라 불발효차, 반발효차, 발효차, 후발효차 네 가지로 나뉩니다. 불발효차는 찻잎을 따서 바로 증기로 찌거나 솥에서 덖어 발효되지 않도록 하여, 녹색이 그대로 유지된 차로 녹차가 대표적입니다. 반발효차는 10~70% 정도를 발효시킨 차로, 백차, 우롱차, 화차가 여기에 속하지요. 발효차는 85% 정도를 발효시켜 떫은맛이 강하고 색이 진합니다. 홍차가 여기에 속해요. 마지막으로 후발효차는 효소를 파괴한 뒤 찻잎을 퇴적하여 공기 중에 있는 미생물의 번식을 유도해 다시 발효가 일어나게 한 차로, 황차와 흑차가 대표적입니다.

중국 여행을 가면 누구나 한번쯤은 사 오는 중국차. 그럼, 어떤 차를 선택해야 할까요? 시음을 해 보고 본인 입맛에 맞는 차를 사오는 것이 제일 좋은 방법이겠지만, 차 맛을 잘 모르겠다면 1959년 중국차 품평회에서 선정한 '중국의 10대 명차'에서 골라 보세요. 시후룽징, 둥팅비뤄춘, 황산마오펑, 루산윈우차, 류안과펜, 쥔산인전, 신양마오젠, 우이옌, 안시티에관인, 치먼홍차가 중국 10대 명차랍니다.

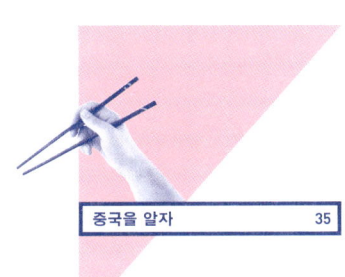

중국을 알자　　　　　　　　35

"배부르다."는 되고 "다 먹었다."는 안 된다고요?

『서경』의 홍범 편 기록에는 중국은 주周나라B.C. 1046~B.C. 771 때부터 식사 예절이 존재했다고 합니다. 이때부터 식사 예절이 한 나라의 문명 척도를 평가하는 기준으로 여겨지곤 했지요. 고대 중국의 식사 예절은 어떠했을까요?

연회를 준비한 주인은 문밖에서부터 손님을 맞이합니다. 서로 안부를 물은 후 손님을 안으로 모시고 간단한 차와 간식을 내오죠. 손님이 모두 오면 주빈을 가장 상석으로 모시고 격식에 맞게 다른 손님들을 자리로 안내합니다. 손님이 모두 앉고 나면 주인은 술을 올리고 음식을 대접하며 손님은 주인에게 감사를 표하지요. 술을 올릴 때도 연장자나 주빈에게 가장 먼저 따라야 하며 주인은 가장 마지막에 마십니다. 어때요? 우리나라와 비슷하지요?

중국에서는 식사를 할 때 하지 말아야 할 금기 사항이 있어요. 이를 어기는 것은 상대에 대한 결례인 동시에 방문한 가정에 액운을 불러온다는 의미도 있으니 각별히 조심해야 합니다.

1. 생선의 한쪽 면을 다 먹고 나서 젓가락으로 생선의 몸통을 반대쪽으로 뒤집어서는 안 됩니다. 이 동작은 배가 뒤집어 지는 형상을 떠올리게 하기 때문에 어민들의 안전을 기원하기 위해 금기시됩니다.
2. 중국에서는 7가지 요리를 주문하여 식사를 하지 않습니다. 제사를 지내고 나서 마시는 술과 함께 오르는 요리의 수가 7개이기 때문입니다.
3. 제사상을 연상시킨다는 이유로, 밥그릇 한 가운데에 젓가락을 꽂지 않습니다.
4. 식사를 마친 후에는 "배불리 먹었다, 배부르다워 츠 바오러."라고 말을 해야 하며, "밥을 다 먹었다워 츠 완러."라고 말하지 않습니다.

후자의 경우 이 세상에서 먹어야 할 밥을 다 먹고 저승으로 간다는 의미를 포함하기 때문입니다.
5. 식사 중에 젓가락으로 밥그릇을 두드리며 소리를 내지 않습니다. 이는 예의 없는 행동일 뿐 아니라, '먹을 밥이 없다.'라는 의미를 내포하기 때문입니다.
6. 밥그릇의 밥은 한 톨도 남김 없이 깨끗하게 먹어야 합니다. 이것은 농부에 대한 예를 표시하는 것이기도 하고, 밥알을 남기고 밥을 먹는 사람은 이후 얼굴에 피부병이 있는 배우자를 만난다는 속설이 있기 때문입니다.

이러한 전통 식사 예절은 청清나라 말 서구 세력과 교류하면서 서양의 식사 예절과 혼합되어, 조금 더 실용적이고 과학적으로 변화되었습니다. 그렇다면 현대 중국에서는 어떤 식사 예절이 있을까요? 자리 배치를 위주로 살펴볼까요? 중국에서는 오른쪽이 왼쪽보다 상석이에요. 가장 중요한 손님이거나 지위가 높은 사람은 문을 마주하고 앉고, 모임을 주관한 사람은 문을 등지고 앉지요. 또한 모임 주최자는 문이나 음식을 올리는 위치에 가장 가까운 쪽에 앉아 손님들이 편하게 식사를 할 수 있도록 보살펴야 합니다. 다음 그림을 보면서 자리 배치에 대해 자세히 알아봅시다.

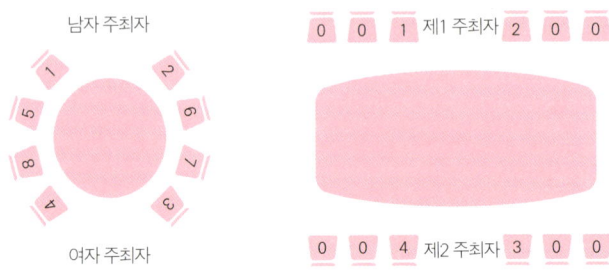

숫자가 작을 수록 연장자나 귀한 손님입니다. 남자 주최자 집주인 혹은 초청자 서열 1위 옆에 가장 귀한 손님이 앉고, 그 부인 혹은 초청자 중 서열 2위 옆에 그 다음으로 중요한 손님이 앉아요.

한국에 있는 중국 레스토랑이나 중국 현지 식당을 방문해 본 적이 있다면 중국 식탁에서 특이한 점을 발견했을 겁니다. 대부분 식탁이 동그란 모양이고 중앙에 유리판이 돌아가게 되어 있지요(물론 네모난 식탁도 있어요). 중앙 유리판이 돌아가는 구조는 처음에는 조금 어색하지만 식사를 시작하면 그 편리함에 반하게 됩니다.

중국에서 일반적으로 사용하는 식기들은 우리나라와 크게

다른 점이 없습니다. 다만 수저는 약간 차이가 있지요. 중국 젓가락은 둥글거나 정사각형으로 되어 있으며, 납작한 한국 젓가락보다 부피감이 있어요. 숟가락의 경우 한눈에 봐도 밥을 떠서 먹기에는 불편하다는 느낌이 오죠? 중국에서는 젓가락으로 밥을 먹으며, 밥알이 떨어지는 것을 예방하기 위해 한 손에 밥그릇을 들고 식사하는 게 일반적입니다.

비슷하면서도 다른 중국의 식사 예절, 알고 나니 조금 재미있지 않나요? 중국 친구와 중국 식당을 방문하여 귀빈 대접을 받고 싶다면 돈을 지불하는 친구 오른쪽에 앉으세요.

중국의 식기와 수저

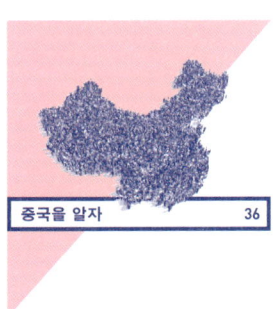

중국을 알자　　　　　36

중국은 왜
이렇게
인구가 많을까?

여러분은 중국하면 어떤 이미지가 떠오르나요? 쯔진청^{자금성}이나 만리장성 같은 유적지가 생각나나요? 혹시 사람들이 바글바글 넘쳐 나는 거리가 생각나지는 않나요?

중국은 세계 제1의 인구 대국입니다. 중국 통계청 자료를 보면 2018년 기준, 남자는 7억 1,351만명, 여자는 6억 8,187만명, 전체 인구는 13억 9,538만명입니다. 같은 해 출생률은 10.94%, 사망률은 7.13%입니다. 우리나라 상황과 비교해

자동차로 꽉 찬 중국 고속도로

볼까요? 2018년 한국은 남자 2,587만 7,195명, 여자 2,575만 2,317명, 총인구 5,162만 9,512명을 기록했습니다.

한국의 총인구 수와 비교하면 중국의 인구는 정말 어마어마합니다. 중국은 옛날부터 이렇게 사람이 많았을까요?

다음 그래프에서 알 수 있듯이, 중국 마지막 왕조인 청淸나라1636~1912 건국 60년 전인 1578년의 중국 인구는 6천만 명, 1849년에는 4억 1천만 명, 멸망 16년 후인 1928년에는 4억 7천만 명에 불과합니다. 350년 동안 4억 1천만 명의 인구가 증가했을 뿐이죠. 인구 증가 곡선은 1949년 중화인민공화국 건국 이후 60년 동안 8억 넘는 인구 수의 증가를 보이며 가파르게 상승하기 시작합니다. 이런 인구 증가에는

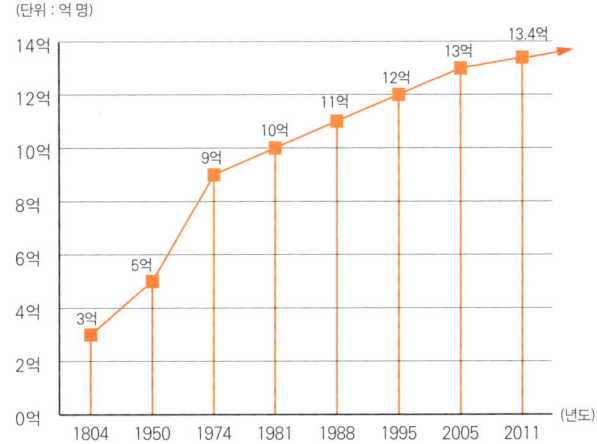

중국의 인구 증가

어떤 이야기가 숨겨져 있을까요? 중화인민공화국 베이비 붐 그래프를 보며 이야기를 나눠 봅시다.

베이비 붐이란 일정 기간 동안 출생률이 큰 폭으로 증가하는 현상을 의미합니다. 중국은 건국 이래로 3번의 베이비 붐을 겪게 됩니다. 첫 번째 시기는 건국 직후인 1949~1958년입니다. 이 시기 중국 인구는 약 5억 정도에 불과하여 중국 정부는 출산 장려 정책을 실시했어요. 두 번째 시기는 3년간의 '기근-고난의 시기'가 끝난 직후인 1962년부터 1972

년까지입니다. 1959년부터 1961년까지, 중국은 마오쩌둥의 대약진 운동 및 농공업 희생 정책과 가뭄으로 인해 나라 전체가 식량 기근을 겪으며 많은 사람이 죽었지요. 이 '기근-고난의 시기'가 끝난 이후, 국민 경제가 호전이 되며 찾아온 두 번째 베이비 붐이 중국 역사상 출생 인구가 가장 많았던 시기이며 10년간 약 2억 6천만 명, 이후 중국 경제 발전에 큰 영향을 끼쳤어요. 세 번째 베이비 붐은, 두 번째 베이비 붐 세대의 출산이 시작된 1981년~1991년까지로, 이른바 '빠링허우', '지우링허우'라고 불리는 현재 중국의 소비를 주도하고

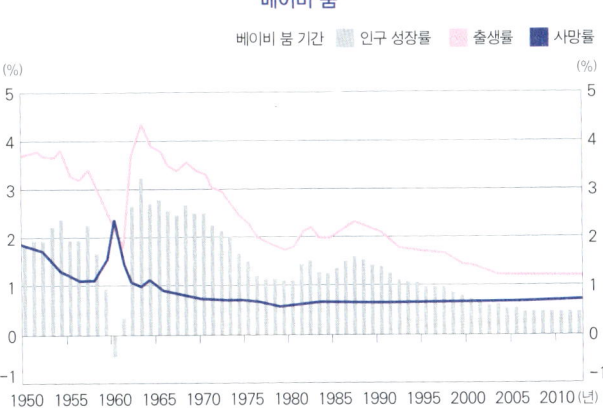

베이비 붐

있는 세대들이 태어난 시기입니다.

　베이비 붐 그래프를 보면, 1960년대 초반에 정점을 찍었던 출생률이 점점 하강하고 있는 것을 알 수 있어요. 이것은 중국의 산아 제한 정책과 관련이 있습니다. 일반적으로 국가는 자국 인구의 적절한 상태를 실현하기 위해 대책을 마련합니다. 1970년대에 중국 정부는 향후 자국의 인구 증가와 지역별 이동에 따른 자원 불균형 분배 및 취업 문제, 성비 불균형이 가져올 사회적 불안과 같은 여러 가지 면을 고려하여, 이른바 '晩婚 늦게 결혼하기, 晩育 늦게 낳아 기르기, 少生 적게 낳기, 优生 우수하게 낳기'을 표방하는 산아 제한 정책을 실시합니다. 산아 제한 정책으로 지난 40년간 중국 정부는 4억 인구를 감소시키는 데 성공했어요. 하지만 21세기에 접어들면서 중국도 출산율 저하에 따른 고령화 사회 진입 및 노동 인구 감소 때문에 인구 정책을 수정하였습니다. 2015년 12월 27일 중국 국회인 전국인민대표회의 상무위원회를 통과한 '인구계획생육법 수정안'이 2016년 1월 1일 발효됨에 따라 중국의 모든 부부는 둘째 아이를 가질 수 있게 되었답니다.

　한 나라의 인구 수는 그 나라의 경쟁력이지요. 중국이 청清

나라 말기부터 시작된 침체 상황을 극복하고, 세계의 패권을 노리는 국가로 국제 사회에 다시 등장할 수 있었던 원동력 중 하나가 바로 13억 인구랍니다. 인구가 많기 때문에 중국 정부가 갖고 있는 부담도 적지 않겠지만, 출생률이 세계 최저 수준인 우리나라 입장에서는 중국이 갖고 있는 '인구 대국'이라는 호칭이 부럽기만 합니다.

중국을 알자　37

디지털 화폐에
중국몽을 담다

세종대왕, 이순신, 이황, 이이, 신사임당. 지금 나열한 사람들의 공통점은 무엇일까요? 맞습니다! 우리나라를 대표하는 훌륭한 위인인 동시에 대한민국 지폐 모델로 활동하고 있는 분들이지요. 그렇다면 중국 지폐에는 누가 인쇄되어 있을까요?

1999년 이루어진 제5차 화폐 개혁 이래로 현재까지 사용하고 있는 중국의 지폐에는 단일 인물이 그려져 있습니다. 그

주인공은 바로 마오쩌둥毛泽东입니다. 중국의 수도 베이징 한가운데에 위치한 톈안먼천안문 광장에도 초상화가 걸려 있는 마오쩌둥은 과연 어떤 사람일까요? 마오쩌둥1893~1976은 1943년 중국 공산당 중앙위원회 주석으로 선출된 이후, 1949년 10월 1일 중화인민공화국을 세운 인물입니다. 1950년대에 있었던 '대약진 운동'과, 1966년부터 10년 동안 있었던 '문화대혁명'과 같은 극좌적 정치 운동으로 인해 중국 내에서도 마오쩌둥에 대한 평가는 엇갈립니다. 하지만 마오쩌둥이 중국인에게 영향력이 큰 지도자임은 부정할 수 없습니다.

중국의 시기별 화폐 도안을 보면 알 수 있듯이, 3차 개혁안까지는 지폐에 인물이 등장하지 않습니다. 중국의 화폐 개혁 추진 위원회에서는 1차 개혁에서부터 3차 개혁에 이르기까지 마오쩌둥의 초상을 화폐에 넣기를 원했는데 마오쩌둥 본인이 완강히 거절했다고 합니다. 마오쩌둥 사후 실시한 제4차 화폐 개혁에서 드디어 마오쩌둥이 화폐에 모습을 드러냅니다. 중국의 정치 지도자였던 저우언라이, 류사오치, 주더

제1차 인민폐(1948년 12월 1일 발행)

제2차 인민폐(1955년 3월 1일 발행)

제3차 인민폐(1962년 4월 20일 발행)

제4차 인민폐(1987년 4월 27일 발행)

제5차 인민폐(1999년 10월 1일 발행)

인민폐(2015년 이후 발행)

와 함께 말이지요.

1999년 실시된 제5차 화폐 개혁에서는 100위안, 50위안, 20위안, 10위안, 5위안, 1위안 권 앞면에 모두 마오쩌둥의 초상을 내걸고, 뒷면에는 각각 인민대회당, 포탈라궁, 구이린 산수, 창장 싼샤, 항저우 시후 등 중국을 대표하는 건축물과 자연 풍광을 그려 넣었습니다. 마오쩌둥이라는 단일 인물의 초상으로 화폐의 정면을 장식한 이유는 여러 가지가 있어요. 우선 건국 50주년을 기념하여 중화인민공화국을 건국한 가장 상징적인 인물에 대한 존경의 표시입니다. 또한 금액에 따라 다른 인물을 넣을 때 일어나는 여러 가지 정치적 이견을 없애기 위해서랍니다.

그런데 이제는 중국에서 지폐를 볼 일이 거의 없어졌습니다. 왜냐하면 중국은 우리나라보다 훨씬 더 모바일 결제가 일상화되었기 때문이죠. 상점에서 물건을 산 후 돈을 주고받을 때마다 지폐를 손가락으로 만지작거리며 위폐를 감별하던 모습은 모두 옛날이야기가 되어 버렸어요.

여러분, 혹시 CBDC를 들어보셨나요? 현재 많은 나라에서 실물 화폐를 대체할, 미래 화폐로 주목받는 CBDC Central Bank Digital Currency를 개발 중에 있어요. CBDC는 국가 중앙은행이 직접 발행하는 디지털 형태의 화폐를 뜻하는데 중국이 세계 최초로 도입했답니다.

중국 중앙은행 디지털화폐CBDC를 디지털 위안화e-CNY라고 하는데 앱을 다운받아 은행 계좌와 연결해서 사용하며,

핸드폰으로 결제하는 디지털화폐

스마트폰끼리 부딪히는 것만으로 결제가 가능하다는 장점이 있어요.

중국은 이미 약 90%의 인구가 민간 전자 화폐인 알리페이와 위챗페이를 이용하여 '현금 없는 사회'를 살고 있는데도 왜 디지털 위안화를 널리 보급하려는 걸까요?

이는 중앙 정부가 개개인의 현금 사용처를 100% 추적 가능하게 되어 국가 통제력을 강화하고, 해외 투자와 교역에 있어서도 디지털 위안화를 사용하여 현재 기축통화인 달러 중심의 국제 결제 시스템에 맞설 수 있는 기반을 닦는 데 목적이 있다고 볼 수 있어요.

전 세계 어느 나라보다도 사회 모든 분야가 무서운 속도로 달라지고 있는 중국, 그 새로운 시도와 그로 인해 변화할 중국의 모습이 무척 궁금해집니다.

중국을 알자　38

공자가
부활했다고요?

공자 孔子, BC 551~BC 479는 중국 춘추시대의 저명한 정치가이자 사상가, 교육가이며 유학의 창시자입니다. 그는 요순시대부터 하·상·주 시기의 문화와 학술을 정리하여 자신의 학문적 기초로 삼았고, 이는 후대 중국 문화에 큰 영향을 끼쳤습니다. 공자는 정치에 큰 포부를 가지고 있었지만 정치가로서 성공을 하지는 못합니다. 공자가 죽은 후에 유학의 걸출한 인물이었던 맹자와 순자를 거쳐 유학의 지위가 한층 더 높아졌고, 한汉 무제가 유학을 국교로 선포한 이후에 유학은 중국 봉건 사회를 지배하는 중심 사상으로 발전하게 됩니다. 일부 학자는 공자의 사상이 후대 중국 문화 형성에 끼친 영향을 논하면서, 다음과 같은 내용을 언급합니다.

> 첫째, 공자는 비록 '하늘의 뜻'이라 일컬어지는 '天命'을 인정하긴 하지만, 인간이 아무런 노력도 하지 않고 '하늘의 뜻'을 기다리기 보다는, 적극적으로 자신의 삶을 쟁취하는 긍정적이고 진취적인 삶의 태도를 강조하였다.
> 둘째, 공자의 사상은 도덕을 강조하여, 절개와 개인의 성품을 중시 여기는 전통을 만들었으며, 도덕교육이 종교를 대신하게 되어, 역사적으로 무신론의 풍조를 조성하게 되었다.
> [张岱年, 孔子与中国文化, 北京:清华大学学报(哲学社会科学版), 1986]

하지만 이후 유학은 본래 공자가 의도했던 사회 질서를 논하는 건전한 학문에서 괴리되어 점점 예교예의에 관한 가르침를 중시하는 형식적인 학문으로 변질됩니다. 공자라는 이름 역시 당시 유학 교리가 만연했던 전통 사회의 대명사로 여겨지게 되지요. 중국의 마지막 왕조인 청나라 말, 정부가 서구열강의 침략을 성공적으로 막아 내지 못하여 민중의 삶은

공자 사당을 불태우는 중국인들

문화혁명 당시 공자를 부정하는 중국 사람들

중국 국가박물관 앞에 세워진 공자상

서울 공자아카데미 로고

더욱 괴로워집니다. 청나라 정부의 무능함에 대한 저항으로 당시 사회에서는 전통문화와 전통 사상 타파의 흐름이 나타나는데, 이때부터 중국의 지식인들은 전통 예교 사회의 병폐를 대표한다고 여기던 공자를 부정하기 시작합니다. 또한 1966년부터 1976년까지 10년간 있었던 문화대혁명 시기에도, 공자에 대한 왜곡된 해석으로 또 한 번 공자는 중국인에게 비판과 응징을 당하게 되지요.

　이랬던 공자가 21세기, 중국의 중화_{세계 문명의 중심이라는 뜻으로, 중국 사람들이 자기 나라를 이르는 말} 문명과 전통문화를 세계에 알리려고 하는 중국 정부의 정책에 힘입어 중국 문화를 대표하는 아이콘으로 다시 부활하게 됩니다. 2004년 후진타오 전 국가 주석이 정권을 잡으면서, 공자의 가르침 가운데 '화이부동和而不同, 남과 사이좋게 지내기는 하나 무턱대고 어울리지는 아니함'이란 말을 새롭게 해석하여, 통치의 목표로 삼습니다. 2004년 1월 11일, 톈안먼천안문 광장에 9.5m나 되는 거대한 공자 청동상을 세우고요. 여론에 밀려 100일 만에 철거를 하긴 했지만, 이는 현재 중국에서 공자가 차지하는 위치가 어느 정도인지를 알 수 있는 사건이라고 할 수 있습니다. 같은 해 중국 정부는 중국어와 중국 문화를 전파하고 학술적 교류를 목적으로 하는 비영리 단체를 설립합니다. 그 단체의 이름이 바로 '공자학원'이예요. 2019년 6월 기준으로, 전 세계 155개 국가에 530개의 공자학원과 1,129개의 공자학당을 건설하여 문화 사업을 벌이고 있지요. 중국 정부가 역사상

무수히 많은 사상가 중 공자를 선택하여 기구의 이름을 명명했다는 점에서도 중국인과 세계인에 대한 공자의 영향력을 짐작할 수 있습니다.

  공자는 살아 있을 때는 물론이고 죽어서도 여러 가지 역사의 우여곡절을 겪었어요. 하지만 공자의 사상이 중국 전통 사회를 지배하였고, 이후 중국 한족의 공통 문화와 가치관 형성에 큰 영향을 끼쳤다는 점은 부정할 수 없습니다. 게다가 우리나라를 비롯하여 일본, 베트남 등 동아시아에 영향을 끼쳐 유교 문화권을 형성하였으니, 공자라는 성인의 중국 내외에서의 위치가 어느 정도인지 알 수 있겠죠?

중국을 알자 39

중국 대통령은 주석, 투표 아닌 선출로 뽑아요

중국에서는 대통령을 '주석'이라고 합니다. 국민이 투표를 하는 직접선거가 아니라 선출로 뽑아요. 우리나라와는 많이 다르지요?

중국은 공산당이 국가와 사회를 지배하는 체제입니다. 중국 공산당은 피라미드 구조로 조직되어 있어요. 중국을 움직이는 최고 지도부는 당 중앙 정치국 위원 25명과 이 중에서 선출된 정치국 상무위원 7명으로 구성됩니다. 중국은 특정

개인이 권력을 독점하는 것이 아니라 집단 지도 체제로 이루어져 있습니다. 최고 지도자인 주석 또한 정책 결정 과정에서 정치국 상무위원 중 1인으로서의 권한만을 행사할 수밖에 없어요.

중국 공산당원은 2021년 기준 약 9,500만 명이나 됩니다. 이들이 모두 모여 정책 결정에 참여할 수 없기 때문에 대표를 뽑아 회의를 여는데, 이를 전국인민대표대회라고 합니다. 인민대표_{2021년 기준 약 2300명}의 임기는 5년이고, 전국인민대표대회는 매년 개최합니다. 이 전국인민대표대회에서 지도자를 선출하는데, 먼저 약 370명의 중앙위원회 위원을 선출하고, 중앙위원들이 제1차 중앙위원회 전체 회의에서 중앙정치국 위원_{25명}과 상무위원_{7명}을 선출하지요. 그렇지만 공식 대회에서의 선출은 사전에 내정된 후보자를 형식적으로 선출하는 것이고, 그 전에 미리 다 선정한답니다.

특히 차기 최고 지도자 후보는 미리 발탁하여 공개적인 검증과 훈련 과정을 거칩니다. 시진핑과 리커창은 2007년 상무위원이 되어 5년 동안의 검증 과정을 거친 후 총서기, 국무원 총리로 선출되었지요. 이렇게 제5세대 지도부가 집권

중국공산당의 위계 구조

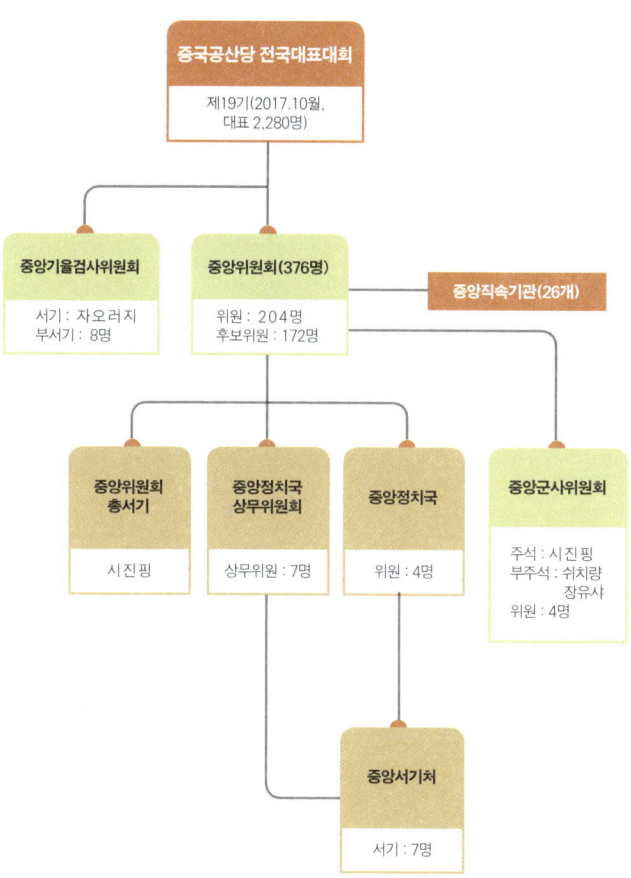

하게 되었습니다. 그런데 지난 2018년 전국인민대표대회에서 그동안 5년 임기가 끝난 후 한 번만 더 연임할 수 있었던 임기의 제한을 없애기로 하였습니다. 따라서 시진핑 정권은 10년의 임기를 마치고도 그 이상으로 장기집권 할 수 있는 길을 열어 시진핑 1인 체제가 공고화 되었습니다.

중국 주석은 대외적으로 국가를 대표합니다. 법률을 공포하고 특사, 계엄령, 선전포고, 동원령 등을 공포할 수 있는 최고의 행정적 권한을 갖지요. 중국 공산당의 최고 지도자인 시진핑은 국가 주석, 공산당 총서기, 중앙 군사 위원회 주석을 겸임한 형태로 정부, 당, 군대의 주도권을 함께 행사합니다.

시진핑은 개혁 성향이 강한 편이예요. 시진핑 지도부는 집권 이후 부패 척결, 민생 안정, 경제 불균형 및 빈부 격차 해소, 환경 문제 해결을 목표로 달려가고 있어요. 시진핑은 정말 강력한 리더십을 발휘하고 있어요. 경제적으로 많은 발전을 이뤘고, 뇌물을 주고받는 관리들을 엄중히 다스려 고가의 선물이나 접대 문화가 많이 사라지기도 했습니다. 하지만 다소 독재적인 성향이 있어 반대 입장이 나오고 있기도 합니다.

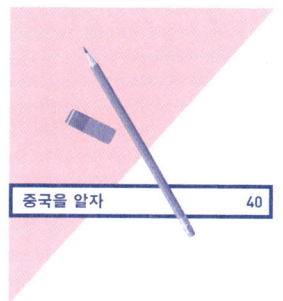

중국을 알자 40

대입 시험 부정행위, 드론 띄워 감시하는 대륙 스케일

중국에서는 대학 입시 시험을 '까오카오高考'라고 부르는데 매년 6월 7일부터 2~3일 동안 치릅니다. 까오카오는 3+X 체제로 구성되지요. 3은 필수 과목인 어문, 수학, 외국어이고, X는 대부분의 지역에서는 문과 종합 혹은 이과 종합으로 시험을 보지만, 지역에 따라 시험 과목, 배점 방식, 시험 보는 기간이 조금씩 다릅니다.

예를 들면 상하이에서는 3+1의 형식으로 시험을 보지만,

저장성에서는 3+문과 종합/이과 종합+선택 과목, 장쑤성에서는 3+학생 수준 시험+종합 소질 평가, 하이난성에서는 3+3의 형식으로 시험을 봐요.

보통 6월 7일에는 09:00~11:30 어문 시험, 15:00~17:00 수학 시험, 6월 8일에는 09:00~11:30 문과 이과 종합 시험, 15:00~17:00 외국어 시험을 봅니다. 시험 성적이 나오면 3군데 학교를 지원하게 되고 원하는 대학에 가지 못할 경우에는 우리나라처럼 재수를 하지요. 재수를 할 때에는 독학을 하거나 재수 학원에 다니는데, 고등학교에 재수생을 위한 반을 만들어 고등학교를 1년 더 다니기도 한답니다.

중국은 수시 제도 없이 까오카오만으로 대학 입학이 결정

까오카오를 끝마치고 기뻐하는 학생들

되기 때문에 학생들이 이 시험에서 받는 압박감은 상상을 초월할 정도로 큽니다. 그래서 까오카오가 있는 6월을 어둠의 6월이라는 뜻의 '헤이리우위에黑六月'라고 부르기도 해요.

수험생이 약 1,000만 명 가까이 되기 때문에 좋은 대학에 가려면 그만큼 경쟁을 치열하게 해야 합니다. 요즈음에는 이런 압박감 때문인지 대리 시험이나 다른 부정행위가 늘고 있어서 신분을 확인할 때 지문 인식과 얼굴 촬영까지 하기도 한다네요. 한편, 드론을 띄어 부정행위를 감시하기도 하고요.

까오카오 날에는 수험생들을 위해 무료 택시를 운영하기도 하고, 외국어 듣기 평가가 있는 날에는 주변 도로까지 통제합니다. 수험생들은 까오카오를 위해 시험장 근처 호텔을 예약하여 그곳에서 머물기도 하고요. 호텔들은 수험생들에게 좋은 영양 식단을 제공하고 조용히 공부할 수 있는 환경을 만드는 등 이 시기 대목을 노립니다. 까오카오가 끝나면 수험생들은 다 같이 학교에서 그동안 공부했던 책을 찢어서 창문 밖으로 흩날려 버린다고 해요. 시험을 준비하면서 느꼈던 압박감, 고생, 스트레스도 책과 함께 다 사라지면 좋겠지요?

| 중국을 알자 | 41 |

중국 사람은
한자를
다 알까요?

중국어를 하려면 한자를 얼마나 알아야 할까요? 중국어를 배우려고 할 때 한자에 대한 걱정 때문에 두렵지 않았나요? 하지만 너무 걱정하지 마세요. 우리나라는 한자 문화권이라 한자를 알게 모르게 많이 접해 왔고, 이미 우리에게 익숙한 어휘들도 많이 있어요. 그래서 한자를 처음 대하는 서양 사람들보다 훨씬 빨리 배울 수 있지요. 중국에서 사용하는 한자는 간략하게 바뀐 간화자이기 때문에 조금 더 쉽게 익힐

수 있답니다.

간화자란 무엇일까요?

중국에서 본격적으로 한자의 간화 작업이 이루어진 것은 1950년대입니다. 1956년 중국문자개혁위원회가 제출한 '한자간화방안'에서 대량의 상용한자가 간화되었어요. 그 뒤로 편방_{한자의 왼쪽과 오른쪽을 통틀어 이르는 말} 같은 글자들이 일괄적으로 간화되었는데, 그것을 정리한 것이 1964년에 나온 '간화자총표'입니다. 또한 그것을 다시 개정한 것이 1986년에 나온 현재 사용하는 간화자총표이고요. 간화자가 나오기 전에는 번체자_{중국에서 전통적으로 써 오던 방식 그대로의 한자를 간화자에 상대하여 이르는 말}의 획수가 너무 많고 복잡해서 중국에서 문맹률이 꽤 높았답니다. 간화자는 번체자의 일부를 제거하거나, 다른 글자나 기호로 대체 또는 글자 전체를 대체하

	번체자	간화자
말 마	馬	马
나라 국	國	国
한나라 한	漢	汉
기운 기	氣	气
바람 풍	風	风

는 방법으로 만들었어요. 참고로 우리나라와 마찬가지로 대만, 홍콩, 마카오에서는 번체자를 사용합니다.

한자는 얼마나 알아야 의사소통이 가능할까요? 실제 사용하는 한자 즉 상용한자를 모아 놓은 '현대중국어상용자표'를 보면 약 3,500개의 한자가 수록되어 있어요. 우리에게 잘 알려진 작품이나 서적 속의 한자를 조사해 봐도 대략 3,000개 정도의 한자만 알면 책을 읽는 데는 큰 문제가 없습니다.

한자에 대한 두려움은 이제 떨쳐 버리고 중국어 공부를 시작해 볼까요?

중국을 알자　42

혼례복도
돈 봉투도
빨강, 빨강, 빨강!

중국 여행을 해 본 사람이라면 중국은 가는 곳마다 빨간색으로 가득하다는 인상을 받았을 겁니다. 우리나라에서 19금의 상징으로 여겨지는 빨간색을 중국 사람들은 왜 그렇게 좋아할까요? 우주 만물을 구성한다는 음양오행설에서 빨간색은 여름과 남쪽을 상징하고 무엇보다 운수가 좋다는 의미인 '길상吉祥'을 뜻하기 때문이예요. 중국에서는 좋은 날에 온통 빨간색으로 도배를 합니다. 대표적인 날이 바로 결혼식이죠.

중국 전통 혼례

신랑 신부의 혼례복이 빨간색이고, 축의금도 빨간색 봉투인 '훙빠오'에 담아서 줘요. 중국 사람들이 가장 중요시하는 전통 명절인 춘제에도 빨간색 봉투에 돈을 담아 아이들에게 줍니다. 춘제에는 홍등과 빨간색 종이로 만든 전지 공예 작품을 창문에 붙이는 전통 풍습이 아직도 남아 있어요.

좋은 기운을 불러들이는 것도 좋지만 나쁜 기운을 막는 것도 중요하겠죠? 중국인들은 12년에 한 번씩 돌아오는 출생한 해의 띠에 나쁜 기운이 찾아온다고 믿습니다. 이를 번밍니앤이라고 하는데, 중국 사람들은 번밍니앤을 무사히 넘기기 위해 빨간색 허리띠나 빨간색 속옷을 입는 풍습이 있어요.

한汉 나라 황제의 옷도 빨간색일 정도로 과거 통치 계급은 빨간색을 존귀함의 상징으로 여겼습니다. 청淸나라의 강희·옹정 황제는 빨간색 나무로 만든 가구를 황궁에 배치했다고 합니다. 2008년 베이징올림픽의 엠블럼과 2010년 상하이 엑스포의 중국관도 빨간색으로 이루어졌지요. 중국 사람들은 정말 빨간색을 좋아하는 것 같아요.

그렇다면 『삼국지연의』에 나오는 관우의 얼굴색은 왜 빨강일까요? 관우가 흥분을 잘해서일까요? 빨간색은 충성심이 강한 인물을 상징합니다. 『삼국지연의』를 읽어 봤다면 관우의 얼굴이 왜 빨간색인지 쉽게 짐작할 수 있을 것입니다. 관우만큼 의리와 충성심이 강한 인물이 또 있을까요? '충성'이란 덕목은 좋은 의미이니 역시 빨간색과 연결할 수 있겠죠?

중국 전통 혼례복

중국을 알자   43

중국에는
왕서방이
제일 많다고?

성姓은 女여자 여+生날 생의 결합으로 이루어진 한자로 '여자가 아이를 낳았음'을 뜻합니다. 이 글자로 아주 오래전에는 어머니 성姓이 중심인 모계 사회였다는 사실을 짐작할 수 있지요. 지금은 우리나라와 중국 모두 대부분 아버지의 성을 따르고 있지만요.

  한국인하면 제일 먼저 떠오르는 성씨姓氏는 '김金'씨. 그렇다면 중국인하면 떠오르는 성씨는요?

대다수의 사람들이 '왕王'씨라고 대답할 겁니다. 중국인하면 떠오르는 가장 익숙한 성씨가 '왕王'씨이기에 한류스타 배우 전지현은 데뷔초 중국 화교가 아니냐는 오해를 받기도 했어요.

하지만 놀라운 건 우리나라에서도 두번째로 많은 성씨인 '이李'씨가 2019년 기준 중국에서 가장 많은 성씨라는거예요. 현재 중국에서 가장 많은 10대 성씨 인구가 약 5.5억명이라니 놀랍지않나요.

그렇다면 가장 적은 성씨는 무엇일까요? '재앙과 재난'을 뜻하는 난难씨와 '죽음'을 뜻하는 사死씨입니다. 우리나라에 '남궁', '황보'같이 복성復姓이 있듯이 중국에도 두글자 이상의 복성復姓이 있는데, '伙尔川扎木苏他尔只多 훠얼촨자무쑤타얼즈둬'와 같이 무려 열 글자로 된 성씨도 있습니다.

성씨의 기원도 다양합니다. '루卢, 차이蔡, 우吴, 웨이魏, 한韩'씨와 같이 나라 이름에서 기원하거나, '둥궈东郭, 시먼西门, 관关, 츠池, 투涂'씨와 같이 지명이나 방위에서 유래한 성씨가 있어요. 관직이나 직업에서 비롯된 '첸钱, 스史, 쓰마司马, 타오陶'씨도 있지요.

성씨에 대한 궁금증이 풀렸다면 이제 이름에 대해서도 알

중국의 10대 성씨

(만 명)

순위	성씨	인구
1	李(리)	9,530
2	王(왕)	8,890
3	张(장)	8,480
4	刘(리우)	6,460
5	陈(천)	5,440
6	杨(양)	3,700
7	赵(자오)	2,750
8	黄(황)	2,680
9	周(저우)	2,540
10	吴(우)	2,460

아 볼까요? 한국인은 대다수가 세 글자 이름인데요, 중국에는 외자 이름이 훨씬 많답니다. 중국에서 가장 많은 이름 10개 张伟 장웨이, 王伟 왕웨이, 王芳 왕팡, 李伟 리웨이, 李娜 리나, 张敏 장민, 李静 리징, 王静 왕징, 刘伟 류웨이, 王秀英 왕슈잉 중 9개의 이름이 외자 이름인 것만 봐도 쉽게 알 수 있지요. 이밖에 중국인의 이름에 가장 많이 쓰이는 한자는 '잉英, 화华, 위玉, 슈秀, 원文, 밍明, 란兰, 진金, 귀国, 춘春, 홍红, 리丽, 샤오小, 메이梅, 윈云' 등이 있어요.

중국을 알자　　　　44

중국 연예인 프로필에 꼭 들어가는 것은?

중국의 대표적인 국민 가수 한훙의 프로필을 검색하면 특이한 점을 발견할 수 있습니다. 우리나라와는 달리 연예인 약력에 민족을 소개하는 부분이 있다는 것이지요. 이 가수는 티베트 자치구에 많이 살고 있는 장족, 즉 티베트 족입니다.

중국은 인구가 약 14억으로 세계에서 가장 많은 사람이 살고 있는 나라입니다. 게다가 중국은 다민족 국가이기도 해요. 총 56개 민족 가운데 다수 민족인 한족을 제외한 나머지 55개 민족을 '소수 민족'이라고 합니다. 한족이 약 91.5%를 차지하고, 나머지 소수 민족이 약 8.5%를 차지하지요. 중국은 건국 이후 민족 식별 작업을 꾸준히 해 오고 있습니다. 1965~1982년 사이에 뤄바족과 지눠족을 추가하여 모두 55개의 소수 민족을 결정했어요. 하나의 민족을 형성하는 데에는 ⅰ)공동의 언어 ⅱ)공동의 주거 지역 ⅲ)공동의 경제생활 ⅳ)공동의 문화를 가져야 한다는 조건이 있습니다. 이 가운데 가장 중요한 조건은 바로 '언어'입니다.

소수 민족은 정말 소수일까요? 중국의 인구 총조사10년에 1번 실시 최근 자료에 따르면 소수 민족은 1억 명이 넘습니다 인구 총조사의 최근 년도는 2010년이다. 다음 조사는 2020년에 할 것으로 전망된다. 소수 민족의 인구 증가 속도는 한족보다 빨라요. 가장 많은 소수 민족은 좡족으로 약 1,700만 명이고, 가장 적은 소수 민족은 뤄바족으로 약 3,700명입니다. 그렇다면 한족과 조선족이 결혼하여 태어난 아이는 무슨 민족일까요? 중국에서는 부모의 뜻에 따라 한족 혹은 조선족으로 결정하여 등록할 수 있어요. 중국에서는 고등학교와 대학교의 입시 선발기준이 지역별 민족별로 다릅니다. 소수 민족에게 점수 혜

이름 한훙韩红
영문 이름 Han Hong
국적 중국
민족 장족티베트 족
혈액형 A형
출생지 티베트 자치구 창두시
생년월일 1971년 9월 26일

택을 주기 때문에 입시를 앞두고 민족을 바꾸는 경우도 있답니다.

한족의 경우에는 1970년대 후반부터 시행했던 1가구 1자녀 정책으로 인구 증가 속도가 느렸지만, 인구 1천만 이상인 장족 이외의 소수 민족은 1가구 1자녀 정책에서 제외되었기 때문에 한족에 비해 인구 증가율이 높습니다 2016년 1월 1일부터는 중국의 모든 부부가 둘째 아이를 가질 수 있도록 법이 개정되었음.

중국 정부에서는 소수 민족의 고유 풍습을 존중하며 자신들의 언어와 문자를 사용할 것을 권장합니다. 소수 민족 언어 보호 정책을 쓰고 있지요. 하지만 민족어보다는 표준어인 푸통화가 훨씬 사회생활에 유리하여 소수 민족의 언어는 사용자가 점차 줄어드는 추세입니다. 특히 대학 입시나 취업에 있어 표준어 사용이 중요해 소수 민족도 우리가 일반적으로 배우는 중국어를 배우고 있어요. 소수 민족 중에는 민족어만 알고 표준어는 구사하지 못하는 경우가 있어, 중국 뉴스를 보면 같은 중국 사람인데도 의사소통이 되지 않아 통역을 하는 경우를 종종 발견할 수 있답니다.

소수 민족은 중국 인구의 10%도 안되지만 그들이 거주하는 지역은 전 국토의 62%나 됩니다. 소수 민족이 가장 많이 살고 있는 성은 윈난성으로 35개의 민족이 거주하고 있어요. 중국에는 5개의 소수 민족 자치구가 있는데, 소수 민족 자치구라고 해서 소수 민족이 한족보다 많지는 않습니다. 상대적으로 다른 지역에 비해 소수 민족이 많을 뿐이지요. 대부분의 소수 민족 자치구는 변방에 위치하고 있어 경제 발전의 혜택에서 소외되기도 합니다. 최근에는 소수 민족 자치구에도 경제 개발 바람이 불어 한족의 유입이 가속화되고 있답니다.

중국 소수 민족 축제

중국의 여러 소수 민족

중국을 알자 45

한국, 중국, 일본 중
장기가
시작된 나라는?

장기는 중국어로 '시앙치象棋'입니다. '象'은 '코끼리'를 뜻하는데 코끼리라는 의미보다는 征자를 붙여 象征코끼리 상, 칠 정 즉 '상징하다'라는 뜻으로 더 많이 쓰입니다. 왜 장기에 상징하다는 의미의 象자가 사용되었을까요? 대체 무엇을 상징할까요? 장기를 둔 적이 한 번이라도 있다면 쉽게 추측할 수 있을 것입니다. 장기에는 군대의 구성원인 '상, 마, 포, 차, 졸'이 있습니다. 이는 코끼리 부대, 기마 부대, 화포 부대, 전차

부대, 병졸 부대를 의미하며, 고대 군사 제도를 상징하는 것이지요. 장기의 '棋바둑 기'는 작게 자른 나무 조각 말을 상징합니다.

장기는 현재 중국 정식 78개 스포츠 종목 중 하나로 채택되어 있는 정신 강화 운동입니다. 장기는 진영을 청과 홍으로 나누어 각각 16개의 말을 가지고 작전을 구사하여 상대편 왕을 잡으면 이기는 게임이지요. 한 판의 장기 속에는 수읽기, 맥, 임기응변, 질서, 희생, 봉사, 애국, 처세술, 기 수련, 덕과 절제, 창의력 등이 들어 있어요. 이런 이유로 장기는 단순한 오락을 넘어 지력을 높여 주는 스포츠로 인정받고 있지요.

우리나라와 중국의 장기 규칙은 어떻게 다를까요?

1. 장將의 경우, 한국의 장은 궁 안에서 선을 따라 움직일 수 있는 반면, 중국 장기의 장은 전후좌우로 한 칸씩밖에 움직일 수 없습니다.
2. 사士의 경우, 한국의 사는 장과 함께 궁 안에서 선을 따라 움직일 수 있는 반면, 중국의 장기는 대각선으로밖에 움직일 수 없습니다.
3. 상象은 한국의 경우 앞으로 한 칸 대각선으로 두 칸을 움직이는데

반해 중국에서는 대각선으로 두 칸밖에는 움직일 수 없습니다. 또한 장기판 가운데에 있는 강江을 넘어가지 못합니다.
4. 포砲는 한국의 것과 전혀 다른 움직임을 가지고 있습니다. 한국에서는 움직이기 위해서 반드시 말 하나를 뛰어 넘어야 하지만, 중국 장기의 포는 마치 차車처럼, 직선 방향으로 자유롭게 움직일 수 있습니다. 단, 상대의 말을 잡기 위해서는 한국의 포와 동일하게 앞에 말을 하나 건너뛰어야 합니다.
5. 졸卒과 병兵 역시 한국의 것과 조금 다릅니다. 한국에서는 뒤로만 못 갈 뿐 전진은 물론이고 좌우로도 자유롭게 움직일 수 있습니다. 중국의 졸은 강을 넘기 전과 후에 따라 움직임이 다릅니다. 강을 넘기 전에는 전진만 가능하지만, 강을 넘은 후에는 한국 졸병과 똑같이 움직일 수 있지요.
6. 차車의 경우는 한국과 똑같지만, 궁 안에 들어갔을 때 한국 장기에서는 대각선 방향의 차장車將이 성립되지만, 중국 장기는 궁 안에 들어가도 종횡 방향으로 밖에 이동할 수 없습니다.

일본에서는 장기를 '쇼기'라고 부릅니다. 일본 장기는 한국, 중국 장기와는 전혀 다른 규칙을 가지고 있지요. 한국, 중국의 장기는 선과 선이 만나는 교차점 위에 말을 두는데, 일본은 선과 선이 만들어 낸 칸에 말을 둡니다. 한국과 중국 장기는 쓰는 말이 같은 반면, 일본 장기에서 쓰는 말은 완전히 달라요. 일본 장기는 옥玉, 금金, 은銀, 계桂, 향香, 각角,

비飛, 보步로 구성되어 있습니다. 또한 한국, 중국 장기에서는 찾아볼 수 없는 승급이라는 규칙도 있어요.

象棋의 象이 코끼리를 뜻하는데, 예로부터 인도에 코끼리가 많아 장기의 기원이 인도라는 설이 있습니다. 하지만 이는 설에 불과합니다. 중국의 남월 지방에도 인도 못지않게 코끼리가 많았어요. 장기 자체가 초楚나라 왕 항우와 한汉나라 왕 유방의 각축전을 모방해서 초와 한으로 나뉘어 겨루는 것이거든요. 이로 미루어 보아도 중국이 장기의 발상지임이 확실합니다. 장기의 말인 녹색의 초나라, 적색의 한나라는 당시 초나라와 한나라 군사의 갑옷 색이 녹색과 적색인 것에서 비롯되었다고 하고요. 장기의 창시자가 한나라를 건국한 유방의 모사謀를 써서 일이 잘 이루어지게 하는 사람였던 한신이라는 전설도 있습니다.

중국을 알자　46

'별 그대'
전지현이
화교라고요?

중국에서도 인기가 높은 한류 스타 전지현의 본명은 '왕지현'입니다. 우리나라에서 왕王씨는 드문 성씨라서 데뷔 초부터 화교华侨가 아니냐는 의혹이 끊이지 않았습니다. 하지만 본인은 물론 조부모까지도 화교와 관련이 없다고 밝혀졌지요. 화교란 대체 무엇일까요? 화교란 본국을 떠나 해외 각처로 이주하여 현지에 정착 후 경제 활동을 하면서 본국과 문화적·사회적·법률적·정치적 측면에서 유기적인 연관을 유지하고 있는 중국인 또는 그 자손을 말합니다. 쉽게 말해 해외에 뿌리를 내린 중국 혈통을 지닌 사람을 뜻하죠. 화교라고 해서 모두 중국어를 잘할 수 있는 것은 아닙니다. 부모 혹은 조부모가 중국인이지만 해외에서 태어나고 자라면서 중국어가 아닌, 본인이 태어난 나라의 언어를 먼저 익혀, 중국어를 굳이 배우지 않았다면 중국어를 할 수 없으니까요. 비록 조상이 중국 사람이지만 현지 국적을 취득하고 법률적·경제적·정치적·사회적·문화적으로 중국과 연관성이 약하고, 중국어를 못 배운 채 현지인이 된 사람도 많이 있습니다.

아편 전쟁1840~1842이 발발하자 이민을 떠나는 사람이 급증했어요. 이 시기에 벌써 화교 인구가 1,200만 명을 넘어섰지요. 현재는 대략 3,000만 명으로 추산합니다. 대륙별 분포를 보면 아시아 83.7%, 아메리카 9.9%, 유럽 4.9%, 오세아니아 1.2%, 아프리카 0.3%입니다. 대다수가 싱가포르, 인도네시아, 말레이시아, 베트남, 태국, 필리핀 등지에 거주하고 있지요. 싱가포르 부호 1위인 양쯔샹 신화그룹 총재와 싱가포르의 국부라고 불리는 리콴유 싱가포르 전 총리도 화교 출신입니다. 동남아시아 지역에서는 화교들의 경제력이 막강하여 심지어 한 국가의 경제계를 좌지우지하기도 한답니다. 그 지역 정치·사회에 위협을 주기도 하지요. 따라서 화교 배척 운동과 함께 화교들에게 현지 국적 취득을 강요하고, 이를 거부할 때는 강제 출국이나 재산 몰수와 같은 강력한 정책을 추진한 나라도 있었습니다. 이런 상황에서 화교들은 현지 국적을 취득하지 않을 수 없었고 그러면서도 중국 국적을 포기하지 않아 이중 국적 문제가 발생하곤 했지요.

우리나라에도 화교가 살고 있습니다. 한국 화교는 90% 정도가 산둥성 출신인데, 철저한 중국어 교육현재 우리나라에는 46개 화교 학교가 있다, 건전한 화교 사회 조직 유지, 직업 분포의 다양화 등 다른 지역 화교와는 구별되는 특징이 있습니다.

인천 차이나타운 정문

중국을 알자 47

매일 아침 해가 뜰 때
국기 게양을
한다고?

우리나라에서는 국경일이나 국장 기간, 국민장 지정일 때에나 볼 수 있는 국기 게양식을 베이징 톈안먼^{천안문} 광장에서는 매일 아침마다 볼 수 있습니다. 국기가 게양되는 시간은 베이징 천문대의 천문학자인 린헝이 특별히 계산해 낸 때에 따라 다릅니다. 태양의 상부 끝과 톈안먼 광장에서 볼 수 있는 지평선이 평형을 이룰 때가 바로 아침에 국기를 게양하는 시간이지요. 하지만 날씨가 흐리거나 비나 눈이 오는 날은 국기 게양을 하루 전날과 같은 시간에 합니다. 거의 매일 몇 분씩 차이가 생기다 보니 국기 게양 시간 달력이 생겨났을 정도예요. 이 달력도 중국에만 있는 것이겠지요? 매월 1일에는 텐안먼 광장에서 군악대가 국가를 연주하는 가운데 국기가 게양됩니다. 베이징 여행을 계획하고 있다면 게양 시간과 날짜에 유의해서 국기 게양식을 보는 것도 재미있겠죠?

중국 국기인 오성홍기에 대해 알아봅시다. 오성홍기는 1949년 7월 14일부터 8월 15일까지 신문 국기 도안 모집 광고를 통해 모아진 3,012개의 국기 초안 중 쩡리엔송이라

텐안먼 광장에 펄럭이는 오성홍기

국기 호위대

는 평범한 사람이 제출한 도안에서 탄생했어요. 깃발의 면색인 빨간색은 중국 혁명을 위해 자신을 희생한 혁명 영웅들이 흘린 피와 중국 혁명을 상징하고, 다섯 개의 노란 별은 중국 국민을 나타냅니다. 별 중에서도 가장 큰 별은 '중국 공산당'을, 4개의 작은 별은 각각 '노동자, 농민, 지식인, 민족자산계급'을 나타내지요. 특히 4개의 작은 별이 큰 별의 오른쪽에 둘러 있는 것은 중국 공산당을 중심으로 모든 중화 인민이 단결하자는 의미를 담고 있습니다. 붉은 대지에서 솟아오르는 광명을 나타내기 위해 별의 색깔을 노란색으로 정했다네요.

| 중국을 알자 | 48 |

녹색 모자
선물하면
왜 안 돼요?

중국에는 슬픔을 달래는 모자라는 뜻의 '처우마오즈愁帽子'가 있습니다. '부모님이 돌아가시면 효자는 모자를 쓴다.'는 옛 풍습에서 비롯된 말이지요. 이 때문에 모자가 집안의 불행을 뜻하게 되어 선물 기피 품목이 되었답니다. 중국에서는 녹색 모자를 선물해서는 안 돼요. 중국에서는 부인이 정조를 지키지 않는, 즉 다른 사람과 바람을 피는 경우에 '남자가 녹색 모자를 쓴다'라는 표현을 쓰거든요. 따라서 녹색 모자 선물은 절대 안 됩니다!

　우리나라에서는 다른 가정을 방문하거나 병문안을 갈 때 과일 선물을 많이 하죠? 특히 사과는 과일 세트에 빠지지 않는 단골 품목이잖아요. 하지만 중국에서는 환자에게 사과를 선물하는 것은 결례입니다. 특히 상하이 사람일 경우에는 큰일 날 수도 있어요. 상하이 말로 사과의 발음인 '핑구苹果'와 '병으로 죽다'라는 뜻인 '삥구病故'가 비슷하기 때문입니다. 병문안을 가서 사과를 선물하는 것은 빨리 죽으라고 저주를 퍼붓는 것이나 마찬가지인 셈이죠.

　우리나라에서는 개업 선물로 자주 쓰이는 벽시계가 왜 중국에서는 금기 선물일까요? 벽시계를 뜻하는 중국어는 '쭝钟'으로 '끝나다'라는 의미를 지닌 단어인 '쭝终'과 발음이 같기 때문이에요. 특히 '벽시계를 선물하다'는 뜻의 중국어인 '쏭쭝送钟'은 '임종을 지키다'는 뜻인 '쏭쭝送终'과 발음이 비슷하기 때문에 연세가 지긋한 어른에게 벽시계를 선물해서는 안 됩니다. 돌아가실 때가 되어 인사를 드리겠다는 뜻이니까요.

　중국어로 우산은 '싼伞'이라고 합니다. 공교롭게도 중국어로 '흩어지다'라는 뜻인 한자 '散'의 발음도 우산의 발음과 같은 '싼'이예요. 중국에서 우산을 선물하면 상대방이 좋은 의미로 받아들이지 않겠죠?

 중국 친구에게 어떤 선물을 하면 좋을까요? 중국인들은 일반적으로 빨간색과 황금색을 좋아해서 빨간색과 황금색으로 포장을 한 선물을 유독 많이 주고 받습니다. 중국 사람들은 우리나라 추석에 해당하는 중추절에 월병을 많이 선물하는데 대부분 황금색으로 포장하지요. 요즘은 예전과 달리 현금으로 선물을 하는 경우도 많아요. '홍빠오'라고 하는 붉은색 봉투에 돈을 넣어 주지요. 숫자 4를 제외한 짝수로 주는 것을 좋아하고요. '슬픔, 빈곤'이라는 의미를 담고 있는 흰 봉투는 장례를 치를 때 쓰이기 때문에 선물할 때 사용해서는 안 됩니다.

 선물을 할 때 그 나라의 문화를 알고 주는 것이 얼마나 중요한지 알겠지요? 특히 중국은 전통적으로 기피하는 것들이 있으니 주의해야 합니다. 중국에는 '선물은 가벼워도 정은 무겁다.'라는 말이 있어요. 값비싼 선물보다 주는 사람의 정성이 가득 담긴 선물이 더 소중한 것 아닐까요?

중국을 알자 49

중국 사람이 동부 연안 지역에 몰려 사는 까닭은?

중국은 세계에서 인구가 가장 많은 나라입니다. 중국 사람은 전 세계 총인구의 19%를 차지해요. 1km²당 143명이 몰려 있다고 생각하면 되지요. 세계 인구 밀도보다 3.3배나 높은 수치입니다. 이 많은 인구가 일정 지역에 몰려 살아서 사회문제가 되기도 하고요. 상하이가 있는 동부 연해 지역의 인구 밀도는 1km²당 400명이 넘습니다. 반면 사막화가 심각한 서부 고원 지역의 인구는 극히 적은 편으로 1km²당

10명도 안돼요. 한국에도 인구 분포 불균형 문제가 있지만 중국은 정말 심합니다. 중국의 인구 분포 불균형이 심한 원인은 무엇일까요?

중국은 고대부터 강과 하천을 중심으로 각 지역의 문화가 발달했어요. 농경 문화가 시작된 시대부터 하천을 중심으로 삶을 일구어 왔죠. 공업화 시대에도 강은 여전히 중국 사람의 삶과 문화를 구성하고 구분하는 주요한 지표가 되고 있어요. 이런 이유로 강과 하천 주변에 사람이 몰려 사는 것이랍니다.

중국은 광활한 국토를 가지고 있지만 산악 지대가 많아서 실제로 활용할 수 있는 지역은 전체 국토 면적의 약 3분의 1 뿐입니다. 산지, 고원, 구릉이 국토의 69%를 차지하며 전 국토의 56%가 해발 1,000m 이상에 자리 잡고 있지요. 중국의 국토를 토지 이용이라는 측면에서 구분했을 때 과수 농업을 포함한 농지가 13%, 임지가 25%, 목초지가 28%인 반면 사막처럼 산업 활동을 하기 어려운 토지도 27%나 됩니다. 중국 서쪽은 대부분 사막이고 인구 밀도가 매우 낮아요.

중국에서 인구가 가장 많은 도시는 어디일까요? 중국의

4대 직할시 중 하나인 충칭입니다. 그 뒤를 상하이, 베이징, 청두, 텐진이 잇고 있지요. 역시 경제 수준이 높고 일자리가 상대적으로 많은 지역에 사람들은 모여듭니다.

최근 중국에서 유행하고 있는 말 중 하나가 "베이징, 상하이, 광저우를 떠나자."입니다. 대도시 생활에 지친 사람들이 중소 도시로 떠나는 현상을 빗대어 하는 말이지요. 대도시가

중국 3대 계단 지형도

주는 편리함도 있지만, 높은 인구 밀도 때문에 받는 스트레스도 만만치 않아요. 높은 물가, 환경 오염, 대도시 생활의 빡빡함. 이런 이유 때문에 대도시를 떠나는 사람들이 점점 늘고 있답니다.

중국을 알자　　　　　　50

웃돈 주고도
군대 가기가
하늘의 별 따기?

중국 청년도 우리나라처럼 의무적으로 군대에 가야 할까요? 중국은 우리나라와 같은 의무 징병제가 아닌 자원입대 방식인 '모병제' 국가입니다. 그렇다면 본인이 군대에 가기를 원하기만 하면 입대할 수 있을까요? 중국에서는 군대를 가고 싶어도 못가는 사람이 많습니다. 중국 정부는 군의 현대화를 추진하고 있는데, 그 일환으로 고학력 인재의 입대를 유도하고 있지요. 이를 위해서 군대에서는 입대자에게 다양한

훈련받는 중국 여대생

혜택을 제공합니다. 예를 들어 공산당 입당 자격을 준다거나, 일자리를 구할 때 혜택을 줘요. 이런 이유로 공산당 고위 간부의 자녀들이 군에 지원하는 경우가 많답니다. 심지어 군대에 자리가 없어 돈을 주고 입대하는 경우도 있다고 하네요.

중국에서는 고등학교와 대학교에 입학하면 군사 훈련을 받습니다. 대학교 신입생의 경우 보름 혹은 4~5주 동안 군사 훈련을 받아야 하죠. '쥔쉰'이라고 불리는 이 군사 훈련은 필수 과목이라 성적에도 포함되며, 통과하지 못하거나 참가하지 않으면 졸업을 할 수 없어요. 여학생도 예외 없이 모두 참가해야 합니다. 대학생의 정치적 의식과 애국심을 드높이고, 기본 군사 지식과 기능을 배양하며, 인내력 강화를 통해 나라 전체의 국방 역량을 키우기 위해서이지요. 모든 대학생이 필수 과목으로 군사 훈련을 받아야 하다니 참 놀랍죠?

중국 군대의 군사력에 대해 알아볼까요? 중국 군대는 '중국인민해방군'이라고 합니다. 줄여서 '인민해방군' 또는 '해방군'이라고도 하지요. 중국인민해방군은 크게 육군, 해군, 공군, 제2포병부대로 이루어져 있습니다. 2019년 종합 군사력은 미국과 러시아에 이어 3위로 평가되었어요. 한국은 7위. 중국의 2019년 국방 예산은 전 세계에서 미국에 이어 2위입니다. 중국의 국방비 예산은 2018년 1조 1,100억 위안약

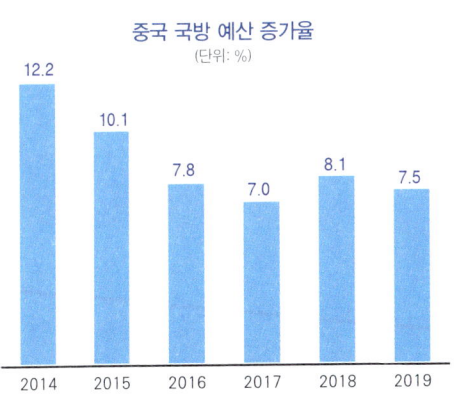

189조원에서 2019년 1조 1,900억 위안약 202조원으로 늘어났어요. 중국이 공식 발표보다 상당히 많은 국방 예산을 쓴다고 외신들은 평가하고 있어요. 중국은 무엇 때문에 군사력을 키울까요?

ⅰ)강한 군대를 키우겠다는 중국 지도부의 의지 ⅱ)일본의 군사대국화에 맞서기 위해 ⅲ)미국과 벌이는 패권 경쟁이 그 이유입니다. 중국의 스텔스 전투기인 젠-20과 신형 대륙간탄도미사일 둥펑-41은 미국에게 큰 위협이 되고 있습니다. 또한 중국이 개발 중인 극초음속비행기와 초음속 잠수함에 미국의 촉각이 곤두서 있는 상황이죠.

중국은 인구 1위 대국에 걸맞게 세계 최대의 병력 동원 능력도 갖추고 있어요. 매년 10월 1일 국경절 행사에 만 오천 명이 넘는 장병과 군용기와 군사 장비를 동원하며 전 세계에 군사력을 과시하고 있습니다. 미국이 1억 4,520만 명, 러시아가 6,912만 명을 유사시 동원할 수 있는 반면 중국은 7억 5,000만 명, 즉 중국 총인구 2014년 기준 13억 6,782만 명의 55%에 해당하는 인구를 동원할 수 있다고 합니다.

세계 종합 군사력 랭킹

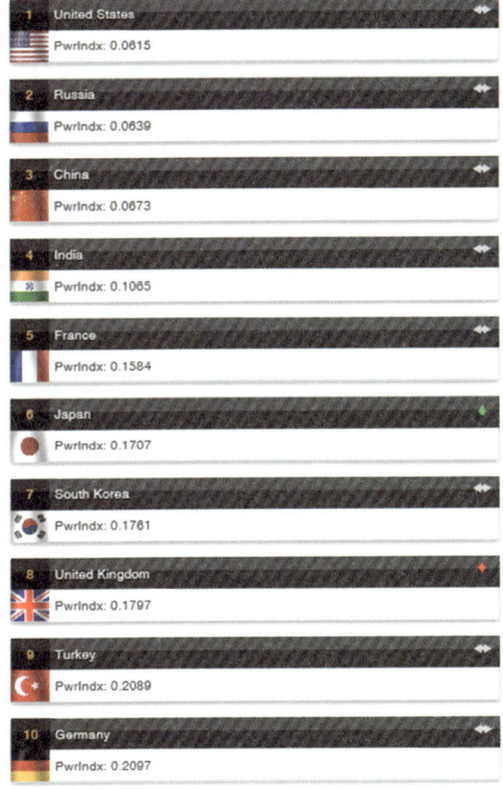

순위	국가	PwrIndx
1	United States	0.0615
2	Russia	0.0639
3	China	0.0673
4	India	0.1065
5	France	0.1584
6	Japan	0.1707
7	South Korea	0.1761
8	United Kingdom	0.1797
9	Turkey	0.2089
10	Germany	0.2097

*PwrIndx(군사력 평가지수) 가 0에 가까울수록 군사력이 높음
출처 : 세계 종합 군사력 랭킹 사이트

중국을 알자 51

중국 사람을 알고 싶다면 몐즈를 알아라!

우리나라 사람뿐 아니라 세계인이 중국 사람에 대해 공통적으로 꼽는 특징 중 대표적인 것이 '자만심과 우월감'입니다. "작은 나라가 어딜 감히?"라는 중국인들의 대국 의식을 다른 나라 사람들은 눈에 거슬려 하죠. 중국 사람의 자만심과 우월감은 고대 중화사상에 기초하고 있어요. 중화사상은 중국 사람이 자기 민족을 세계 문명의 중심이라고 생각하여 자기 민족의 우월성을 자랑하여 온 사상입니다. 중화中國 이외의 다른 나라는 이적오랑캐이라고 천시하고 배척하는 관념이지요. 중中 가운데 중은 '중앙'이라는 뜻이며, 화華 화려할 화는 '문화'라는 뜻으로, 중화中華는 자신들이 가장 발달된 문화를 가지고 있는 세상의 중심이라는 의미를 담고 있는 단어입니다.

중국 사람은 '몐즈체면'를 목숨처럼 중요시합니다. 어찌 보면 중화사상의 연장이라고 할 수 있지요. 남에게 자신이 어떻게 보여질지, 어떻게 평가될지가 중국 사람에게는 그 무엇보다도 중요해요. 결혼식 때 고가의 자동차로 퍼레이드하는 모습은 중국 뉴스에서 흔하게 볼 수 있는 광경입니다. 호화 결혼식을 통해 자신의 '체면'을 높인다는 중국 사람의 의식이 반영된 사회 현상이지요. 자신의 형편을 고려하지 않은 호화 결혼식을 위해 몇 년치 연봉을 쓰는 젊은이가 있다고 하니 믿겨지나요?

중국에는 '얼굴을 때려 붓게 해서라도 돼지처럼 보이려고 한다.'는 말이 있습니다. 분수에 맞지 않게 체면을 차리려고

최고급 롤스로이스 웨딩카 퍼레이드

헬리콥터 타고 결혼하는 중국인의 모습

능력 밖의 일을 하는 것을 뜻하지요.

  중국에서는 결혼식을 치를 때 테이블 단위로 하객을 초대합니다. 테이블의 개수와 차려진 음식으로 그 성대함을 가늠하지요. 따라서 실제 능력에 비해 많고 화려하게 준비해요. 중국 사람은 결혼식 뿐 아니라 손님을 초대하여 음식을 대접하는 경우에도, 필요 이상으로 많은 음식을 준비합니다. 이 역시 체면을 지키기 위한 행위이지요. 내 체면을 중시하듯 다른 사람의 체면 역시 중시하고 제3자의 체면을 깎는 행동을 최대한 피하는 것이 중국 사람의 처세법이랍니다. 중국 사람은 바로 대놓고 "나쁘다." "아니오."라는 극단적인 표현을 삼가는 편이예요. "하이씽괜찮네요.", "부추어 나쁘진 않네요. 좋아요.", "차부뚜어 그럭저럭 괜찮네요."가 중국에서 자주 쓰이는 표현이지요. 중국 사람이 나에게 "좋다." 혹은 "괜찮다."라고 말했다고 해서 그 말을 곧이곧대로 믿어서는 안 돼요. 반드시 그 말의 의미를 한 번 더 새겨 봐야 합니다. 상대방을 고려하여 싫은데도 그럭저럭 괜찮다고 하는 것일 수 있으니까요.

중국어 교사들이 제안하는
중국 바로 알기
지금은 중국을 읽을 시간 1

발행   **20쇄** 2025년 11월 20일

지은이 중국을읽어주는중국어교사모임
펴낸이 심형철
펴낸곳 도서출판 민규
디자인 파피루스

주 소 서울시 송파구 충민로 10, 8층
이메일 mkbooks2020@naver.com

ISBN 979-11-971961-2-6 43910
값 14,000원

* 이 책은 저작권법에 따라 보호받는 저작물이므로, 저작자와 출판사 양측의 허락 없이는
  다른 곳에 옮겨 싣거나 베껴 쓸 수 없으며 전산 장치에 저장할 수 없습니다.
* 이 책에 쓴 사진은 해당 사진을 보유하고 있는 단체와 저작권자의 허락을 받아 게재한 것입니다.
* 저작권자를 찾지 못하여 게재 허락을 받지 못한 사진은 저작권자를 확인하는 대로
  게재 허락을 받고 통상 기준에 따라 사용료를 지불하겠습니다.

이 도서의 국립중앙도서관 출판시도서목록(CIP)은 서지정보유통지원시스템 홈페이지(http://seoji.nl.go.kr)와
국가자료공동목록시스템(http://www.nl.go.kr/kolisnet)에서 이용하실 수 있습니다. (CIP제어번호: CIP2020044390)